C000024252

1 MONTH OF
FREE
READING

at
www.ForgottenBooks.com

By purchasing this book you are eligible for one month membership to ForgottenBooks.com, giving you unlimited access to our entire collection of over 1,000,000 titles via our web site and mobile apps.

To claim your free month visit:
www.forgottenbooks.com/free1023394

* Offer is valid for 45 days from date of purchase. Terms and conditions apply.

ISBN 978-0-332-02268-0
PIBN 11023394

This book is a reproduction of an important historical work. Forgotten Books uses
state-of-the-art technology to digitally reconstruct the work, preserving the original format
whilst repairing imperfections present in the aged copy. In rare cases, an imperfection in
the original, such as a blemish or missing page, may be replicated in our edition. We do,
however, repair the vast majority of imperfections successfully; any imperfections that
remain are intentionally left to preserve the state of such historical works.

Forgotten Books is a registered trademark of FB &c Ltd.
Copyright © 2018 FB &c Ltd.
FB &c Ltd, Dalton House, 60 Windsor Avenue, London, SW19 2RR.
Company number 08720141. Registered in England and Wales.

For support please visit www.forgottenbooks.com

Doubl zu 118 339
Nitsei

1866.

Es fehlt noch immer an einer im guten Sinne populären Darstellung des großen deutschen Krieges von 1866, die allen Ansprüchen genügen könnte, obwohl das Bedürfnis danach seit dem Erscheinen der epochemachenden Werke von Friedjung, v. Lettow-Vorbeck u. a., und der Denkwürdigkeiten von Bismarck, Blumenthal, Stosch, Govone u. s. w., sich bringend geltend macht.

Um nun diese Lücke auszufüllen, bringen wir nach längerer Vorbereitung eine volkstümliche Schilderung jenes kurzen und doch so folgenschweren Krieges, die sich die Aufgabe stellt, die Ergebnisse jener neuesten Forschungen und Enthüllungen den weitesten Kreisen in packender Form zu vermitteln, und beginnen mit der größten Schlacht des 19. Jahrhunderts, mit der Schlacht bei

„Königgrätz".

Es werden darin überall die Motive und der ursächliche Zusammenhang der Ereignisse dargelegt. Anschaulich und übersichtlich gelangen die Hauptmomente des Ringens der beiden Heere am 3. Juli zur Darstellung, wobei der Verfasser alle Vorgänge mit größter Objektivität schildert und beiden Teilen gerecht zu werden sich bestrebt, aber auch keinen der gemachten Fehler verschweigt.

Grundsätzlich hat er von seiner Darstellung alles ausgeschlossen, was nicht historisch zu erweisen und durch authentische Veröffentlichungen beider Teile zu erhärten ist, alle auf bloßer Phantasie oder Kombination beruhenden Schilderungen, die nur falsche oder tendenziös gefärbte Anschauungen hervorzurufen vermögen.

Stuttgart, Dezember 1902.

Franckh'sche Verlagshandlung.

Königgrätz
Ein Schlachtenbild
— von —
Fr. Regensberg

Mit Illustrationen von **R. Gutschmidt**,
zwei Karten und einigen an Ort und Stelle
aufgenommenen Ansichten von **L. Burger**

Stuttgart 1903 ✸ ✸
Franckh'sche Verlagshandlung
W. Keller & Co. ✦ ✦ ✦ ✦ ✦

DD434
A / K4

Druck von Carl Grüninger (Klett & Hartmann), Stuttgart.

Königgrätz.

Skizze von L. Burger.

Die Glocken auf den Kirchtürmen von Königgrätz kündeten am 2. Juli 1866 die Mittagsstunde an. In den Feldlagern der k. k. Nordarmee, die einschließlich der Sachsen seit dem gestrigen Sonntag auf dem sich stundenweit zwischen Bistritz und Elbe ausdehnenden Hügelgelände nordwestlich der kleinen böhmischen Festung eng konzentriert stand, schmetterten die Hörner und wirbelten die Trommeln auf den Fahnenwachen zum Gebet.

In den Straßen von Königgrätz, das durch die größte Schlacht des neunzehnten Jahrhunderts, die den Kampf um die Vorherrschaft in Deutschland zugunsten Preußens ent= schied, eine weltgeschichtliche Bedeutung erhalten sollte, wimmelte es von Soldaten aller Waffengattungen. Die Festung, die diesen Charakter seit 1884 verloren hat, war nach dem sieben= jährigen Kriege zu einer solchen umgeschaffen worden und stellte, in der Gabelung zwischen der Elbe und der Adler liegend, einen Elbbrückenkopf dar. Sie faßte kaum 3000 Mann Besatzung. Die meisten Häuser waren an jenem Montag geschlossen, die 5000 Einwohner bis auf wenige Hundert geflüchtet.

Vom Bahnhof gelangte man über die Elbebrücke zu der von breiten Gräben und mächtigen Erd= und Mauerwällen umgebenen Stadt. Unmittelbar an den Bahnhof aber stieß, auf dem rechten Elbufer zwischen dem Fluß und der großen, von Pardubitz im Süden nach Josephstadt im Norden füh= renden Straße gelegen, die Prager Vorstadt. Dort befand

sich ein ziemlich bescheidener Gasthof, „Zur Stadt Prag" ge=
heißen, in dem es für gewöhnlich recht still zuging. Seit dem
Vormittag des 1. Juli jedoch herrschte ungewohntes Leben in
seinen Räumen; fortwährend kamen und gingen Offiziere aller
Waffen, eilten Adjutanten, Ordonnanzen und Diener hin
und her.

Hier hatte nämlich nach dem in der Nacht vom 30. Juni
zum 1. Juli angetretenen Rückzuge aus der Stellung von Du=
benetz * der Befehlshaber der k. k. Nordarmee, Feldzeugmeister
v. Benedek, sein Hauptquartier aufgeschlagen. Auch seine Ope=
rationskanzlei unter Generalmajor v. Krismanič ** war in der
„Stadt Prag" untergebracht, desgleichen noch einige Generale
des Hauptquartiers, während die übrigen Offiziere des Stabes
wie die Intendanten nebst ihren Bureaux in andern Gasthöfen
und größeren Privatwohnungen einquartiert waren.

Pünktlich um die Mittagsstunde des 2. Juli verfügte sich
eine große Anzahl von höheren Generalen, Generalstabsoffi=
zieren und Obersten in den Gasthof der Prager Vorstadt, wo=
hin der Höchstkommandierende die Korpskommandanten nebst
den ihnen zugeteilten Generalen, die Kavallerie=Divisionäre und
Generalstabschefs, wie auch die Kommandanten der Armee=
Geschützreserve und des Armee=Munitionsparks durch den bis
nach den Feldlagern der verschiedenen Korps und bis Chlum
reichenden Feldtelegraphen zu einer Generalparole entboten
hatte. Von den Korpskommandanten fehlte der sächsische Kron=
prinz Albert, den die Erkundung des Geländes hinter der
Bistritz, in das seine Truppen am Nachmittag des 1. Juli ein=
gerückt waren, abhielt, und der deswegen seinen Generalstabs=
chef, Generalmajor v. Fabrice, in das Armee=Hauptquartier
geschickt hatte. Mit großer Spannung harrte man der Er=
öffnungen des Oberfeldherrn; geschah es doch seit der Er=
öffnung der Operationen am 17. Juni zum erstenmal, daß er
die höheren Generale mit ihren Generalstabschefs um sich ver=
sammelte.

Die Herren traten in den niederen Speisesaal, der zwar
der größte Raum des Gasthofs war, aber doch eine solche An=

---

* Siehe die Karten am Schlusse des Buches. ** Sprich: Kris=
manitsch.

zahl — gegen sechzig Generale und Stabsoffiziere — kaum zu fassen vermochte. Sobald sie versammelt waren, begab sich Oberstleutnant Müller, der erste Flügeladjutant Benedeks, den dieser wie einen Sohn liebte, in das Gemach des Feldzeugmeisters, um ihm Meldung davon zu machen.

Ludwig v. Benedek, der damals 62 Jahre zählte, saß, in trübes Nachsinnen verloren, an einem mit Papieren und Karten bedeckten Tische. Seinem scharf markierten Gesichte gab der nach ungarischer Art an beiden Enden emporgedrehte Schnurrbart etwas Martialisches. Stimme und Gebärden verrieten Energie; der Blick seiner dunkeln Augen hatte etwas Durchbringendes, wenn er jemand musterte. Seine Gestalt war hager und nicht groß; zu Pferde machte er jedoch eine prächtige Figur. Große Sorgfalt verwandte der Feldmarschall stets auf sein Äußeres; überhaupt war er von Eitelkeit und der Neigung zum Posieren nicht freizusprechen, zeigte sich auch stellenweise als ein arger Gamaschenheld. Er entstammte dem ungarischen Kleinadel, war Protestant und der Sohn eines Arztes; durch eigenes Verdienst war er rasch bis in die höchsten Stellen der Armee emporgestiegen, nachdem er sich 1849 bei Mortara als Oberst und 1859 als Korpskommandant bei Solferino mit Ruhm bedeckt hatte. Als der Krieg mit Preußen unvermeidlich schien, forderte die öffentliche Meinung einstimmig, daß ihm das Kommando der Nordarmee übertragen werde. Er selbst fühlte recht wohl, daß die zur Leitung eines Heeres unerläßlichen Eigenschaften und Kenntnisse ihm abgingen, und hatte gehofft, daß er das Kommando der Südarmee gegen Italien erhalten werde. Dorthin wurde jedoch Erzherzog Albrecht, der Oheim des Kaisers, gesandt, und als man nun Benedek die Übernahme des Kommandos im Norden als ein Opfer darstellte, das er dem Kaiserhause bringen müsse, nahm er seine anfängliche Weigerung zurück und willigte, wenngleich schweren Herzens, ein. Dieses Opfer hat aber seinem Kaiser und dem Volke schlecht gedient; ihm war eine ungeheure Aufgabe übertragen und auf seine Seele eine Last gewälzt worden, der er sich — wie Shakespeares Dänenprinz — nicht gewachsen fühlte.

Benedek, als tapferer, todesmutiger Soldat und schneidiger, glänzender Truppenführer auf dem Schlachtfelde bewährt, war

kein Feldherr, kein Stratege, wie er selbst mehrfach offen er=
klärt hatte, und deswegen war er bei der Führung des Heeres,
noch dazu auf einem ihm völlig unbekannten Kriegsschauplatz,
durchaus auf sachkundige Unterstützung angewiesen. Hätte er
einen Generalstabschef, wie Blücher ihn an dem genialen
Gneisenau besaß, zur Seite gehabt, so wäre wohl vieles anders
gekommen; das Unglück wollte jedoch, daß seine obersten Ge=
hilfen, Feldmarschallleutnant* Baron Henikstein und General=
major Krismanič, ihrer Aufgabe ebensowenig gewachsen waren.
Ersterer, zum Generalstabschef der Nordarmee ernannt, der im
Falle einer Krankheit oder des Todes an Benedeks Stelle treten
sollte, entstammte einer reichen Wiener Bankierfamilie und hatte
sein rasches Emporsteigen mehr der Protektion und seinem Gelde,
als besonderen Fähigkeiten oder Verdiensten zu danken. Er
kritisierte während des Feldzuges fortwährend mit beißendem
Witz, fand aber keine Kraft zum eigenen Handeln, sondern über=
ließ die Leitung des Heeres vollständig Krismanič, dem von
Erzherzog Albrecht empfohlenen Chef der Operationskanzlei.
Dieser, ein geschmeidiger Kroat, galt als ehemaliger Professor
der Strategie an der Kriegsschule für einen ungemein gelehrten
General und zeichnete sich durch gewaltiges Selbstvertrauen aus.
Damit imponierte dieser Anhänger der veralteten Positions=
strategie aus der Zeit des alten Fritz auch Benedek, der sich
ganz auf seine Weisungen angewiesen fühlte und den ihm inne=
wohnenden Offensivgeist gewaltsam zurückdrängte, um Krismanič'
stets zur Defensive und zur Vorsicht mahnende Ratschläge zu
befolgen. Seit den Niederlagen am 27., 28. und 29. Juni
aber hatte der Oberbefehlshaber längst alles Zutrauen zu ihm
eingebüßt.

Der Mann, in dessen Hände die Geschicke des Kaiser=
staates in jenem Augenblick lagen, war geistig völlig gebrochen
und gab alles verloren, seit er dem Kaiser am 30. Juni das
Scheitern aller seiner Operationen und den durch die Nieder=
lage des I. Korps und der Sachsen am Tage zuvor bei Gitschin

---

* Im österreichisch=ungarischen Heere entspricht der Grad eines
Feldmarschallleutnants dem des Generalleutnants in der deutschen
Armee; der des Feldzeugmeisters dem des Generals der Infanterie
und der des Feldmarschalls dem Generalfeldmarschall.

unvermeidlich gewordenen Rückzug der ganzen Armee von Dubenetz nach Königgrätz hatte melden müssen. In dieser niedergeschlagenen Stimmung sollte Benedek, der früher vom Glück
stets verwöhnte Abgott des Heeres, nun vor seine Unterbefehlshaber treten, von denen bisher nur Gablenz am 27. Juni in
dem ersten Gefecht bei Trautenau einen Sieg über Bonin
davongetragen hatte, während die Kämpfe bei Nachod-Wysokow
(27. Juni), bei Skalitz, Trautenau-Soor und Münchengrätz
(28. Juni) und bei Gitschin (29. Juni) sämtlich verlustreiche
Niederlagen gebracht hatten. Noch bevor der Oberbefehlshaber auch nur ein einzigesmal selbst das Kommando geführt
hatte, waren bereits mehr als die Hälfte seiner acht Armeekorps, nämlich fünf und außerdem das mit dem I. Korps
(Clam-Gallas) vereinigte sächsische Korps im Kampfe gewesen,
von denen vier außerordentlich gelitten hatten; ganz intakt
waren nur noch zwei: das II. und III. Korps. In ihren Entschlüssen hin und her schwankend, hatte die Oberleitung jeder
der preußischen Armeehälften ihre Korps vereinzelt entgegengeschickt, die in blutigem Ringen sich erschöpften. So war trotz
der heldenmütigen Tapferkeit der kaiserlichen Truppen ein
schwerer Mißerfolg dem andern gefolgt, während der unaufhaltsam vordringende Feind angesichts des österreichischen Heeres
das schwierige Manöver seiner Vereinigung vollziehen konnte.

Sich gewaltsam zusammennehmend, erhob sich Benedek,
der bereits in voller Uniform war, beim Eintritt seines Adjutanten, nahm dessen Meldung entgegen und trat dann vor
die seiner Harrenden. Nun endlich würde man doch, so erwarteten alle, die leitende Idee des Feldherrn kennen lernen,
durch die er die Armee aus ihrer zweifelhaften Lage herauszubringen gedenke, und die Aufgaben erfahren, die er dabei
den einzelnen Korps und Kavalleriedivisionen zugedacht habe.
Doch die Generale lauschten umsonst mit verhaltenem Atem.
Der Oberkommandierende hielt auch jetzt noch an seiner den
Unterführern schon genügend bekannten Geheimniskrämerei fest,
mit der er ihnen immer nur angab, welchen Ort sie besetzen,
halten oder räumen sollten, ohne daß sie erfuhren, in welchem
Zusammenhang die befohlene Operation zur Hauptaufgabe
stände, die sie oft gar nicht kannten. Da außerdem die Befehls

übermittlung eine ungemein mangelhafte und lässige war, so konnten Irrtümer und Mißverständnisse natürlich nicht ausbleiben. Moltke dagegen hielt stets an dem Grundsatze fest, die Unterfeldherrn ganz genau in seine Absichten und Endziele einzuweihen, während er es ihrem eigenen Ermessen überließ, danach die Bewegungen ihrer Abteilungen einzurichten.

Benedek besprach in kurzen, abgebrochenen Sätzen zunächst nur Angelegenheiten des gewöhnlichen inneren Dienstes; er eiferte gegen das Kritisieren und Raisonnieren der Offiziere und verlangte in erregtem, fast schreiendem Tone von den Generalen „Aufrechthaltung eiserner Disziplin mit rücksichtslosester Strenge". In milderer Tonart meinte er dann, man müsse das erschütterte Vertrauen der Truppen wieder heben; wodurch das aber, nach den Ereignissen der vorigen Woche, geschehen solle, darüber erfuhren die Anwesenden nichts. Er warnte, die Worte wiederum heftig hervorstoßend, davor, sich in unnütze Gefechte einzulassen, und mahnte, im Falle die Annahme eines Kampfes wirklich nötig sei, dann klare und deutliche, nicht zu weitschweifige, sondern bündige Dispositionen zu erlassen — ein Seitenhieb, der nach der Meinung einiger Anwesenden wohl dem Feldmarschallleutnant Baron Ramming, Kommandanten des VI. Korps, galt. Nachdem er noch weit ausgreifende Erkundungen angeordnet hatte, fragte er die Generale!!! „Na, und wie geht's den Truppen in den Lagern, die sie gestern bezogen haben? Haben Leute und Pferde Wasser genug?" Hierauf erfolgten ziemlich befriedigende Antworten, und dann gab der Oberfeldherr endlich die erste Andeutung bezüglich seiner ferneren Absichten. Zuversichtlichen Tones erklärte er, er beabsichtige, „der durch die blutigen Gefechte der letzten Tage erschöpften Armee in ihren gegenwärtigen Lagern einige Tage Ruhe zu gönnen, damit sich die Truppen wieder erholen und schlagfertig machen könnten."

Das sollte alles sein, was der Feldzeugmeister in dieser entscheidenden Stunde seinen Unterbefehlshabern mitzuteilen für gut fand? Man blieb dadurch genau so klug wie vorher, und das an Verblüffung grenzende Erstaunen darüber prägte sich deutlich in den Mienen der meisten Zuhörer aus; niemand jedoch wagte etwas zu sagen. Nur Generalmajor Baron v. Edelsheim=Ghulai, der Kommandant der 1. leichten Kavalleriedivision, konnte sich nicht enthalten, den „gehorsamsten" Einwurf zu machen, daß die Armee wohl schwerlich die in Aussicht gestellte Ruhe haben, sondern nach den bisher eingelaufenen Nachrichten vom Feinde vielleicht schon heute abend oder sicher morgen früh angegriffen werden dürfte. Edelsheim, der schneidige energische Reiterführer, der später der Reformator der österreichisch= ungarischen Kavallerie werden sollte, hatte trotz seiner Jugend — er zählte erst vierzig Jahre — schon damals einen glänzen= den Namen im Heere. Man erwartete viel von ihm, da er aber als selbständig bis zur Rücksichtslosigkeit galt, so hatte ihm Benedek in schärfster Weise alles eigenmächtige Handeln verboten und ihn sogar mit dem Kriegsgericht bedroht, wenn er sich anderes zu tun vermesse, als die erhaltenen Befehle ihm vorschrieben. Auch jetzt lehnte der Oberbefehlshaber seine von richtiger Beurteilung der Sachlage zeugende Bemerkung einfach ab, indem er bloß erwiderte: „So ein junger Mensch hat immer eigene Gedanken!" Er wiederholte nochmals, man solle recht fleißig und weit hinaus Erkundungstrupps entsenden; dann verbeugte er sich, die Anwesenden taten dasselbe, — und die Generalparole war zu Ende! — — —

Unter den höheren Offizieren, die von der Generalparole zu den Truppen zurückkehrten, war vielfach die Rede davon, es habe vorher doch mit ziemlicher Bestimmtheit verlautet, daß die Armee sofort über die Elbe zurückgeführt werden solle. Man flüsterte einander zu, Benedek habe dem Abgesandten des Kaisers, Oberstleutnant v. Beck, in die Hand versprochen, hier keine Schlacht anzunehmen. Diese Bemerkungen bewiesen, daß von den Vorgängen, die sich am Tage zuvor im geheimsten Schoße des Hauptquartiers abgespielt hatten, doch einiges be= kannt geworden war.

Noch vor dem Abmarsch des Heeres aus der Stellung von Dubenetz hatte Benedek, von dem bis dahin in Wien nur Zu= versicht ausdrückende und beträchtliche Erfolge meldende Depeschen eingetroffen waren, an den Generaladjutanten des Kaisers, Graf Crenneville, kurz telegraphiert: „Débâcle des I. und sächsischen Armeekorps nötigt mich, den Rückzug in der Richtung von Königgrätz anzutreten." Dabei war das sächsische Korps,

von dem bei Gitschin die Hälfte gar nicht in den Kampf ge=
kommen war, durchaus gefechtsfähig; die Truppen hatten sich
wacker geschlagen und dann in vollkommener Ordnung den
Rückzug bewirkt. Der Oberfeldherr sah die Lage aber bereits
als völlig verzweifelt an und befürchtete schon auf dem Rück=
marsch eine Katastrophe, wenn der Feind nachdränge. Dies
geschah jedoch nicht; es fand nur bei Schurz ein unbedeutender
Zusammenstoß statt.

Benedek selbst ritt mit seinem Hauptquartier über Zize=
lowes und Horschenowes nach Königgrätz. Die Straße dorthin
führte über den halbkreisförmigen Höhenkranz vor der Bistritz,
mit Chlum und Lipa im Zentrum — ein Gelände, das sich
vortrefflich zu einer Verteidigungsstellung zu eignen schien. Hier
blieb Benedek mit seinem Stabe eine Weile halten. Wie H. Fried=
jung in seinem trefflichen Werke: „Der Kampf um die Vor=
herrschaft in Deutschland" angibt, sei schon in jenen Augen=
blicken die Idee aufgetaucht, „den Rückzug nicht bis hinter
die Elbe fortzusetzen, sondern sich hier so gut wie möglich zu
verschanzen und den Feind zu erwarten."

Gegen 11 Uhr traf der Feldherr in der Prager Vorstadt
ein. Dort fand er ein gnädiges Telegramm des Kaisers vor,
das ihn des, trotz der bisherigen Unfälle, unerschütterten Ver=
trauens des Monarchen in seine energische Führung und seine
Kraft zur Erhaltung der Ordnung versicherte. Gleichzeitig er=
schien bei ihm der Oberstleutnant v. Beck aus der Kaiserlichen
Generaladjutantur, den der Kaiser als seinen Vertrauensmann
auf den Kriegsschauplatz geschickt hatte, damit er sich mit eigenen
Augen dort vom Stande der Dinge überzeuge. Beck hatte in
Pardubitz Truppen vom I. Korps (Clam=Gallas) in traurigster
Verfassung angetroffen, da wesentlich durch die Schuld des
Korpskommandanten ihr Rückzug in eine tolle Flucht ausgeartet
war. Was er nun von Benedek, der erklärte, für seine Person
auf Absetzung und selbst Kriegsgericht gefaßt zu sein, über die
allgemeine Lage und die Kriegsaussichten nach dessen hoffnungs=
loser Auffassung vernahm, mußte auch ihn tief niederschlagen.

In einem noch am Sonntag vormittag einberufenen Kriegs=
rat, dem außer Benedek und Beck noch Henikstein, Krismanič
und Oberst Kriz, Chef der Detailkanzlei der Nordarmee, sowie

der Adjutant, Oberstleutnant Müller, beiwohnten, war man
einig darüber, daß eine Fortsetzung des Rückzuges erforderlich
sei. Beck führte aus, es werde am zweckmäßigsten sein, das
Heer gleich am 2. hinter das deckende Knie des Elbstromes
rücken zu lassen, wo es in dem Raume Pardubitz—Kolin Aufstellung finden sollte. Damit erklärten sich alle Anwesenden
einverstanden. Noch während dieser Beratung ersuchte der an
sich und dem Heere verzweifelnde Feldherr jedoch den kaiserlichen Abgesandten, er möge die Bitte um unverzüglichen
Friedensschluß nach der Hofburg telegraphieren. Da Oberstleutnant v. Beck es ablehnte, eine solche schwere Verantwortung
auf sich zu nehmen, weil das nur der Armeekommandant selbst
dürfe, erklärte sich der Feldzeugmeister dazu bereit. Es ging
alsdann folgende Depesche an den Kaiser ab: „Bitte Eure
Majestät dringend, um jeden Preis Frieden zu schließen. Katastrophe der Armee unvermeidlich. Oberstleutnant v. Beck geht
gleich zurück."

Kaiser Franz Joseph hatte zwar seinen Stolz schon so
weit gebeugt, die Vermittelung Frankreichs anzurufen, allein
was Benedek ihm hier zumutete, ging ihm doch zu weit und
widerstritt zu sehr allen Traditionen seines Hauses. Am 12. Juni
war ein Vertrag mit dem Tuilerienhofe geschlossen worden mit
der bindenden Zusage, daß Österreich, auch wenn es in dem
bevorstehenden Kampfe siegreich bliebe, Venetien auf jeden Fall
an Italien abtreten würde, jedoch erst nach dem Kriege.
Die Gegenleistung Napoleons III. sollte in seiner Neutralität
und diplomatischen Unterstützung bestehen. Nach Benedeks Hiobs-
botschaft vom 30. Juni war nun in Wien die sofortige Ab-
tretung Venetiens ins Auge gefaßt worden, um dann die Südarmee unter Erzherzog Albrecht, dem glücklichen Sieger von
Custozza (24. Juni), nach Norden holen und gegen die Preußen
verwenden zu können. Fürst Metternich, der österreichische Bot-
schafter in Paris, wurde davon verständigt; er sollte jedoch
hinzufügen, daß Österreich sich noch nicht verloren gebe, sondern
entschlossen sei, es auf eine Hauptschlacht ankommen zu lassen.
Kaiser Franz Joseph betrachtete es auch als ganz undenkbar,
daß trotz der Niederlagen einzelner Korps der Zustand der
Nordarmee so trostlos und die allgemeine Lage so verzweifelt

sein könne, wie Benedeks Depesche dies angab. Der Ausgang sollte freilich dartun, daß der Feldzeugmeister nicht zu schwarz gesehen hatte.

Um 2 Uhr 10 Minuten nachmittags antwortete der Monarch telegraphisch seinem Armeekommandanten: „Einen Frieden zu schließen unmöglich. Ich befehle — wenn unausweichlich —, den Rückzug in größter Ordnung anzutreten."

Graf Crenneville setzte noch die Frage dazu: „Hat eine Schlacht stattgefunden?" Da der Monarch damit einverstanden war, ging diese Depesche dann in seinem Namen nach König= grätz ab. Man hat hervorgehoben, in diesen Zeiten sei eine indirekte Aufforderung enthalten gewesen, einen entscheidenden Kampf, wenn irgend möglich, zu wagen. Daß dies der eigentliche Sinn gewesen, wird kaum bezweifelt werden können, zumal wenn man sich des an Metternich ergangenen Auftrags erinnert. Es ist wohl erklärlich, daß Benedek durch diesen Appell an seine Tapferkeit in seinen Entschließungen schwankend wurde, obschon alle rein militärischen Gründe dringend für die Fortsetzung des Rückzugs sprachen. Einen Befehl, die Schlacht zu liefern, hat er indes nicht erhalten, da er sich ja bei der Übernahme des Kommandos ausdrücklich volle Selbständigkeit für die Leitung der Operationen ausbedungen hatte, und vor allen Dingen war auch in jener Depesche keineswegs die Aufforderung enthalten, die Schlacht, mit der Elbe im Rücken, bei Königgrätz an= zunehmen.

Benedek ordnete an, daß die in vorderster Linie befind= lichen Truppenteile nach allen Richtungen hin Patrouillen aus= senden sollten, um die Stellungen und Bewegungen des Feindes zu erkunden. Dann stieg er wieder zu Pferde, begleitet von seinem Adjutanten Müller, dem Rittmeister v. Werfebe und noch einem Ordonnanzoffizier, um das Gelände nordwestlich von Königgrätz, zwischen Bistritz und Elbe, genauer in Augen= schein zu nehmen. Rein vom taktischen Gesichtspunkte aus betrachtet, bot es in der Tat eine günstige Verteidigungs= stellung. Ihre Ausdehnung betrug zwischen den beiden Flügel= punkten, Nechanitz an der Bistritz im Südwesten, und Rat= schitz an der Trotina im Nordosten, etwa 15 km oder 20000 Schritt. Vor der westlichen Front dieser Stellung zog sich, parallel der im Osten fließenden Elbe, die durch Regengüsse angeschwollene Bistritz mit sumpfigen Ufern hin, die ein sehr beachtenswertes Hindernis darstellte, zumal sich nur bei den an diesem Flüßchen gelegenen Dörfern Übergänge befanden. Da die Bistritz von Nechanitz an eine südliche Richtung einschlägt, so erhielt dadurch der linke Flügel der Stellung eine gute Flankendeckung. An der rechten Flanke entlang zog sich der in südöstlicher Richtung der Elbe zufließende Trotinabach, auf dieser Seite ebenfalls ein Fronthindernis und in seinem Unterlauf eine gesicherte Anlehnung für den rechten Flügel bildend. Den Raum zwischen diesen beiden Wasserläufen nahm ein sanftes, von zahlreichen Ortschaften bedecktes, nach allen Richtungen für alle Waffen gangbares Hügelland ein, das nach Norden und Westen vorliegende Gelände vollständig beherrschend und namentlich ausgezeichnete Artilleriestellungen darbietend. Auf dem halbkreisförmigen Höhenkranz hinter der Bistritz ragten im Süden zunächst die Kuppen von Prschim und Problus auf, dann im Zentrum die Anhöhen von Chlum und Lipa und endlich zur Rechten, weiter nördlich, die von Maslowied und die Lindenhöhe von Horschenowes; die höchsten Bodenerhebungen erreichten 80 bis 100 Meter.

Der Feldzeugmeister ritt mit seinen Begleitern von Königgrätz zunächst in nordöstlicher Richtung auf der von Josephstadt kommenden Landstraße, die dicht neben der Elbe sich hinzieht, bis zu dem Dörfchen Trotina am gleichnamigen Bach. Das Wetter war regnerisch geworden, seit heftige Gewitter die glühende Hitze, die während der Gefechtstage herrschte, gebrochen hatten; ein kalter Wind wehte durch das Elbetal. Bei Trotina bog Benedek links ab und ritt über Sendraschitz nach Chlum. Hier suchte er nach einem guten Übersichtspunkte, den er aber erst etwas weiter westlich fand: über dem Dorfe Lipa an der großen Kaiserstraße, die von Gitschin und Horschitz über Sadowa kommend, die ganze Stellung von Nordwesten nach Südosten quer durchschnitt. Sie stellte am Schlachttage als Hauptmarschlinie der das preußische Zentrum bildenden Ersten Armee unter Friedrich Karl die allgemeine Angriffsrichtung dar. Von Smidar im Westen, über Nechanitz, war der Anmarsch der Elbarmee zu erwarten; von Norden, aus der Gegend von Königinhof mußte die Zweite oder Schlesische Armee unter dem Kronprinzen anrücken, mit der Benedek jedoch vorderhand noch nicht rechnen zu brauchen glaubte. Von der Lipaer Höhe betrachtete er das Gelände, auf demselben Punkte haltend, von dem aus er zwei Tage später die Schlacht leitete. Seine Truppen waren zum Teil schon in ihre Lager eingerückt, teilweise noch auf dem Marsch dorthin begriffen. Wo die Soldaten des auf seinem Kaiserbraunen heransprengenden Feldherrn ansichtig wurden, begrüßten sie ihn herzlich, was seine Stimmung offenbar günstig beeinflußte. Das Hurra und Hoch der deutschen Regimenter mischte sich mit dem Éljen der Magyaren, dem Evviva der Italiener und dem Zivio der Slaven. Der Feldzeugmeister wandte sich von dort südwärts und kehrte über Problus nach Königgrätz zurück, als der Abend bereits hereinbrach.

Den Truppen ging der Befehl zu, daß sie am folgenden Tage in den bezogenen Aufstellungen zu verbleiben hätten. Welche Eindrücke Benedek auf der Anhöhe bei Lipa auch gewonnen haben mochte, bis jetzt hegte er noch immer die auch von seiner ganzen Umgebung gebilligte Absicht, sein Heer so bald wie nur möglich über die Elbe zurückzuführen; vorläufig bedurften die Truppen freilich dringend der Ruhe, die er ihnen gönnen wollte. Dabei blieb die Möglichkeit, bei Königgrätz angegriffen zu werden, jedoch nicht außer acht; Oberst Baron Pidoll, der Feld-Genie-Direktor der Armee, wurde beauftragt, zwischen Lipa und Nedielischt, also auf dem Raume zwischen Bistritz und Trotina, der eines schützenden Wasserlaufes als Fronthindernis entbehrte, Befestigungen anzulegen. Gegen 11 Uhr nachts setzte sich der inzwischen etwas ruhiger gewordene Feldzeugmeister an seinen Schreibtisch und richtete eine ausführliche Depesche an den Kaiser. Er berichtete darin, daß zum Glück der Feind bisher nicht nachgedrängt habe. Dann hieß es: „Ich lasse daher morgen die Armee ruhen und den Train zurückdisponieren; kann aber nicht länger hier bleiben, weil bis übermorgen Mangel an Trinkwasser in den Lagern eintreten wird, und setze am 3. den Rückzug gegen Pardubitz fort. Werde ich nicht überflügelt, kann ich auf die Truppen wieder zählen, und ergibt sich die Gelegenheit zu einem Offensivstoße, so werde ich ihn machen, sonst aber trachten, die Armee. so gut wie möglich wieder nach Olmütz zu bringen." In dieser Nacht reiste Oberstleutnant v. Beck, dem gegenüber Benedek auch seine Überzeugung geäußert hatte, daß Krismanič seiner Stellung durchaus nicht gewachsen sei, nach Wien zurück. Die beiderseitigen Vorposten standen nur eine halbe Meile voneinander entfernt; trotzdem ahnte man weder hüben noch drüben die so nahe konzentrierte Anwesenheit der gegnerischen Armee. Die kaiserliche Kavallerie versäumte, ihre Erkundungen genügend weit auszubehnen,

Feldzeugmeister Ludwig Ritter v. Benedek.

namentlich nach der Seite des Kronprinzen hin; preußischerseits fehlte die Fühlung mit den Österreichern seit Gitschin. Man glaubte ihre Hauptmacht bereits jenseits der Elbe aufgestellt, zwischen Adler und Aupa, mit den Festungen Josephstadt und Königgrätz auf den Flügeln.

Am Vormittag des 2. Juli hob sich die Stimmung im Hauptquartier wieder; Henikstein telegraphierte beschwichtigend an den Grafen Crenneville, Oberstleutnant v. Beck sei gerade im unglücklichsten Momente eingetroffen — „kann sich alles noch besser gestalten." Um die Mittagsstunde fand dann die Generalparole statt, deren Ergebnis die dazu in die Prager

Vorstadt Berufenen so schwer enttäuschte. Kam Benedeks Schweigen bezüglich seiner weiteren Absichten daher, daß er mit sich selber noch nicht im reinen war? Friebjung spricht die Ansicht aus, er sei bereits am Vormittag dieses Tages zu dem Entschluß gekommen, die Schlacht zu wagen. In diesem Falle war es doppelt fehlerhaft von ihm, daß er die geplante Defensivschlacht nicht vorher eingehend mit seinen Korpskommandanten besprach. Oberst a. D. O. von Lettow=Vorbeck in seiner „Geschichte des Krieges von 1866" meint dagegen: „Noch kämpfte er mit sich, ob er es wagen könne, mit den ermatteten und moralisch niedergedrückten Truppen von neuem dem siegreichen Feinde die Stirn zu bieten."

Zu den Momenten, die störend auf den Geist des Feld=zeugmeisters einwirkten, gehörte zweifellos, daß er, der sich völlig unfähig wußte, die Riesenmaschinerie eines Heeres in Bewegung zu setzen und zu leiten, in diesem Augenblick auch noch einen Wechsel an der Spitze seiner Operationskanzlei er=wartete. Er telegraphierte dem Kaiser, daß — wie schon Oberstleutnant v. Beck mitgeteilt haben werde — Krismanič seiner Aufgabe nicht gewachsen sei, und schlug als Ersatz für ihn Generalmajor Baumgarten, bisher Ablatus* des Erzherzogs Ernst (III. Korps), vor. Mit diesem Antrag kreuzte sich eine Depesche des Monarchen, die befahl, Krismanič wie Henikstein ihrer Verwendung zu entheben und nach Wien zu senden, des=gleichen den Grafen Clam=Gallas (I. Korps), dem Benedek ungerechterweise alle Schuld für die Niederlage von Gitschin aufgebürdet hatte. Die Wahl des neuen Generalstabschefs wurde dem Feldzeugmeister überlassen, der nun Baumgarten auf diesen Posten berief. An Stelle des Grafen Clam er=nannte der Kaiser auf Benedeks weitere telegraphische Anfrage den bisherigen Ablatus beim I. Korps, Grafen Gondrecourt, zum Korpskommandanten. Die vollständige Regelung dieser Personalfragen zögerte sich bis zum Abend hin; inzwischen hatte sich Benedek endgültig zu dem Entschlusse durchgerungen, der die Entscheidung des ganzen Feldzuges bringen sollte. Um

---

* Jedem Korpskommandanten des kaiserlichen Heeres war von vornherein ein höherer General zur Seite (ad latus) gestellt, um erforderlichenfalls sofort einen Ersatz für ihn zur Verfügung zu haben.

3¹/₂ Uhr telegraphierte er dem Kaiser: „Die Armee bleibt morgen in ihrer Aufstellung bei Königgrätz; die eintägige Ruhe, die reichliche Verpflegung haben gut gewirkt. Hoffe einen weiteren Rückzug nicht nötig zu haben." Und als um 4 Uhr nachmittags die Generalstabsoffiziere und Adjutanten zur Abholung der Befehle für den nächsten Tag im Haupt=quartier erschienen, wurde die Parole ausgegeben: „Sämtliche Truppen verbleiben morgen in ihren Lagern."

Auf dem ganzen Gelände zwischen Bistritz und Elbe herrschte den Tag über reges Leben. Die Truppen wurden nach langem Fasten endlich wieder mit Lebensmitteln und Wein versorgt; auch die Marketender stellten sich mit vollbeladenen Wagen ein und fanden trotz hoher Preise guten Absatz. Nach den strapaziösen Märschen tat die Rast ausnehmend wohl; auch den Witterungsumschlag empfand man als eine Wohltat, denn die frühere Hitze hatte alles erschlafft, zumal die Leute selbst bei ärgster Sonnenglut im angezogenen Mantel hatten kämpfen und marschieren müssen. Wie es hieß, war diese Vorschrift erlassen worden, um die weißen Röcke zu schonen — für den Einzug in Berlin. Auch die Stimmung der Truppen hob sich wieder, selbst bei den Regimentern, deren Reihen bereits schmerz=liche Lücken aufwiesen. Bei den meisten Offizieren war frei=lich das Vertrauen zu dem Feldzeugmeister, der eine kräftige und einheitliche Leitung des großen Heeresganzen so sehr hatte vermissen lassen, schwer erschüttert. Allgemein mußte man sich eingestehen, den Mut, die Geschicklichkeit und die Bewaffnung des Gegners stark unterschätzt zu haben; man hatte — so schmerzlich das war — die Überzeugung gewonnen, daß die Preußen besser zu manövrieren verständen, und daß gegen ihr Schnellfeuer mit dem Zündnadelgewehr alle Massenangriffe mit dem Bajonett, in denen man bisher nach den herrschenden Grundsätzen der „Stoßtaktik" das Heil gesucht hatte, zu Schanden werden müßten. „Wir schießen besser," hieß es in den Reihen der Infanteristen, „aber die Preußen feuern ja dreimal, wenn wir einmal zum Schuß kommen." Andere meinten voll Er=bitterung: „Die Preußen sind Teufel, voller Finten; sie fechten nicht ehrlich!"

Überall zogen aus den Dörfern und Gehöften die Be=

wohner, fast sämtlich Tschechen, ab, vielfach noch ein paar
Stück Vieh mit forttreibend. Die Bauern, die nicht freiwillig
weichen wollten, wurden von dazu beorderten Mannschaften,
oder durch die mit ihren roten Fähnchen hin und her reitenden
Feldgendarmen ausgewiesen. An verschiedenen Stellen schafften
technische Truppen und Infanteriepioniere an den angeordneten
Befestigungen. Es entstanden neben der ausgedehnten Schanzenlinie zwischen Chlum und Nedielischt zahlreiche Geschützaufstel-
lungen und -Einschnitte, zum Teil etagenförmig übereinander,
um das ausgezeichnete Schußfeld gegen die Bistritz hin bestens
auszunutzen. Die Artilleristen maßen genau die Entfernungen
ab und versahen Bäume und Mauern mit Markierungen, die
ihnen das Einschießen erleichtern sollten. Unermüdlich war der
pflichtgetreue Artilleriechef der Nordarmee, Erzherzog Wilhelm,
unterwegs, um alles persönlich anzuordnen. Schützengräben
und Verhaue wurden hergestellt und die dem Feinde zugekehrten
Seiten der Ortschaften in Verteidigungszustand gesetzt. Diese
Arbeiten dauerten zum Teil noch am Morgen des 3. fort,
nachdem die Schlacht bereits begonnen hatte.

Hatte Benedek sich noch immer mit der Hoffnung ge-
tragen, auch noch am folgenden Tage von einem Angriffe der
Preußen verschont zu bleiben, so mußten die im Laufe des
Nachmittags und Abends bei ihm eintreffenden Meldungen ihn
doch schließlich in seiner Ansicht wankend machen. Sie waren
zwar höchst unvollständig, bekundeten aber doch, daß wenigstens die preußischen Vortruppen der Ersten und der Elbarmee
sich schon hart an der Stellung der kaiserlichen Armee befanden.
Von der kronprinzlichen oder Schlesischen Armee wurde nur bekannt, daß sie noch an der Elbe lagere, dort, wo man sie
schon von den Dubenetzer Höhen aus wahrgenommen hatte.

Nun entschloß sich der Feldzeugmeister doch endlich, Krismanič, der noch nichts von seiner Abberufung ahnte, mit der
Ausarbeitung eines Befehls für das Verhalten der Armeekorps im Falle eines Angriffs zu beauftragen. Es war bereits Spätabend geworden, als Krismanič und seine Adjutanten
sich bei ihren Karten und Tabellen an die Arbeit machten.
In der Einleitung der Schlachtdisposition, die wiederum den
Unterbefehlshabern lediglich ihre Stellungen vorschrieb, hieß

: morgen dürfte möglicherweise ein Angriff erfolgen, er sich zunächst gegen das kgl. sächsische Korps richten werde.

mittel« (daf. 1882).

12) Eva, die Gattin von Gott. Ephr. Lessing (f. d.).

Königl. Bücher der, bildeten im hebräischen Kanon ein Ganzes, erschienen aber in der Septuaginta und Vulgata in zwei Teile zerlegt. Die B. d. K. enthalten die Geschichte des Volkes Israel von Davids letzten Lebensjahr an und sind auf Grundlage der Reichsannalen und andrer Quellen nach den Forderungen eines bestimmt hervortretenden religiösen Gesichtspunktes wahrscheinlich gegen Ende des Exils, pragmatisch geordnet, abgefaßt. Kommentare lieferten Keil (2. Aufl., baf. 1873) und Bähr (Biel. 1876), Thenius (2. Aufl., baf. 1873) und Bähr (Biel. 1868).

Königgrätz (tschech. Hradec Králové), »Königinburg«), Stadt im östlichen Böhmen, an der Mündung der Adler in die Elbe, an der österreichischen Nordwest-, der Pardubitz-Reichenberger und der Lokalbahn K.-Wostromiersch gelegen, hat eine gotische Kathedrale, eine bischöfliche Residenz, ein Rathaus mit städtischem Museum, ein Theater, ein Schulgebäude, hübsche Promenaden und (1880) mit der Garnison 8166 Einw. Von industriellen Etablissements befinden sich in der Stadt selbst eine vorteilhaft bekannte Metallmusikinstrumentenfabrik, eine Klavier-, eine Harmoniumfabrik und eine Bierbrauerei, in der nächsten Umgebung eine Zündes- und eine Maschinenfabrik. K. ist Sitz eines Bischofs, eines Domkapitels und bischöflichen Konsistoriums, einer Bezirkshauptmannschaft, eines Kreisgerichts, eines Hauptzollamtes, hat ein Staatsobergymnasium, eine Lehrerbildungsanstalt, eine städtische Oberrealschule, eine Fachschule für Kunstschlosserei, ein theologische Diözesanlehranstalt, eine Taubstummenanstalt, eine Bibliothek und ein Sanitätsnennmittut; es besitzt ferner eine Gasanstalt, eine

durch flache, mit Gehölz und Dörfern besetzte Höhen, den getrennt werden und bei Chlum, von wo die ganze Gegend übersehen werden kann, ihre höchste Höhe erreichen. Die Artillerie hatte vorteilhafte Positionen (überdies waren die Distanzen genau bezeichnet worden), die Infanterie gute Deckungen, welche noch durch Verhaue geschützt waren. Doch war die Aufstellung der Österreicher von Sadowa auf beiden Flügeln bis zur Elbe bei Trotina und Kutlena so weit zurückgebogen, daß sie eine feindliche Umfassung der Flanken erleichterte; auch war es ein Nachteil, daß die Elbe im Rücken war. Im Zentrum bei Lipa standen das 3. und 10., in der Reserve hielten das 1. und 6. Korps; die zurückgebogenen Flügel bildeten rechts das 4. und 2., links die Sachsen und das 8. Korps; im ganzen 220,000 Mann mit 500 Geschützen. So erwartete Benedek, ob er sich am 1. Juli ab den feindlichen Angriff, obwohl er so eben alles Vertrauen zu sich und der Na... hatte, daß er am 2. den Kaiser ... vor der unvermeidlichen Katastrophe um jeden Preis zu schließen. Auf ... Seite standen die erste Armee (2., 3., 4. Korps) die zweite (Kr. 1., 5. und 6. Korps) bei Königinhof, im ganzen 240,000 Mann. Man erwartete den Feind, am ... König Wilhelm, welcher der 2. Juli in Gitschin eine Unterredung mit dem König Friedrich Karl, daß ... den stark angestrengten Truppen ein paar Tage gegönnt werden, und beschloß, sich selbst für den 3. Juli nach Königinhof zum Kronprinzen zu begeben. Als aber im Lauf

wohner, fast sämtlich Tschechen, ab, vielfach noch ein paar Stück Vieh mit forttreibend. Die Bauern, die nicht freiwillig ~~weichen wollten~~, wurden von dazu beorderten Mannschaften

11) Franz Joseph, Agrikulturchemiker, geb. 15. Nov. 1843 zu Lautern in Westfalen, studierte seit 1864 zu München Mathematik und Naturwissenschaft, dann in Göttingen hauptsächlich Chemie, ging Ende 1867 als Assistent an die agrikulturchemische Versuchsstation zu Münster und übernahm 1870 die Leitung der neu zu gründenden Versuchsstation zu Münster in Westfalen. 1881 wurde er zum Professor ernannt. K. hat sich namentlich um die Lehre von den Nahrungsmitteln große Verdienste erworben, und seine »Chemie der menschlichen Nahrungs- und Genußmittel« (3. Aufl. 1887, 2 Bde.) gilt als Hauptwerk auf diesem Gebiet. Außerdem schrieb er: »Zusammensetzung und Verdaulichkeit der Futtermittel« (mit Th. Dietrich, 2. Aufl. 1887), »Die Beurteilung der Flüsse« (preisgekrönt von der ersten allgemeinen deutschen Ausstellung für Hygiene und Rettungswesen); ferner: »Der Kreislauf des Stickstoffs und seine Bedeutung für die Landwirtschaft« (preisgekrönt von dem Landwirtschaftlichen Zentralverein für die Provinz Brandenburg) und »Bestand und Einrichtungen der Untersuchungsämter für Nahrungs- und Genuß-

es: morgen dürfte möglicherweise ein Angriff erfolgen, der sich zunächst gegen das kgl. sächsische Korps richten werde. Für diesen Fall wurde im einzelnen folgendes befohlen: Auf dem linken Flügel sollte das sächsische Korps (Kronprinz Albert) die Höhen von Popowitz und Trschesowitz besetzen; dahinter das VIII. Korps (früher Erzherzog Leopold, seit Skalitz General Weber); zusammen 51 000 Mann und 150 Geschütze. Dann folgten als Zentrum der Stellung: rechts von den Sachsen das X. Korps (Gablenz) auf den Höhen von Streschetitz=Langenhof, und rechts von diesem das III. Korps (Erzherzog Ernst) auf den Höhen von Lipa und Chlum; zusammen 44 000 Mann und 134 Geschütze. Linker Flügel und Zentrum hatten die Front gegen Westen, nach der Bistritz zu, und ihre Aufgabe war, den Heeren des Prinzen Friedrich Karl entgegenzutreten. Ausdrücklich waren die Höhen den Truppen als Standorte vorgeschrieben, gegen die die Preußen aus der Tiefe anstürmen sollten; es geschah gegen den Willen des Oberkommandos, als die Korpsführer tatsächlich ihre Vorhut in die Ortschaften an der Bistritz herunterzogen. An das Zentrum schloß sich der hakenförmig scharf nach Norden eingebogene rechte Flügel, der dem aus dieser Richtung zu erwartenden Kronprinzen die Stirn bieten sollte. Hier erhielt das IV. Korps (Graf Festetics) seinen Standort rechts vom III. auf den Höhen zwischen Chlum und Nedielischt, hinter dem noch weiter nach Norden vorgelagerten und den Ausblick dorthin versperrenden Höhenzuge von Horschenowes und Maslowied; rechts von diesem das II. (Graf Thun), auf dem äußersten rechten Flügel bis zur Elbe; zusammen 55 000 Mann und 176 Geschütze. Falls bloß der linke Flügel angegriffen würde, sollten Zentrum und rechter Flügel sich nur in Bereitschaft halten und erst in Schlacht=ordnung treten, wenn der Angriff sich umfassender gestalte. Ferner wurde mitgeteilt, daß der Feldherr sich bei dem linken Flügel aufhalten werde, falls nur dieser angegriffen werden sollte, im Fall einer allgemeinen Schlacht aber auf der Höhe von Chlum. Die hinter der Gefechtslinie haltenden Reserven der Armee sollten zu seiner alleinigen Verfügung bleiben; es waren dies: das I. Korps (nunmehr Graf Gondrecourt), das VI. (Barou Ramming), die fünf Kavalleriedivisionen und die Armee=

Geſchützreſerve, zuſammen über 47000 Mann Infanterie,
11400 Reiter und 320 Geſchütze. Die beiden leichten Reiter=
diviſionen hatten die Flanken zu decken: links Edelsheim und
rechts Prinz Thurn und Taxis. Bezüglich eines notwendig
werdenden Rückzugs wurde nur angegeben, daß er auf der
Straße über Holitz gegen Hohenmauth zu erfolgen habe, ohne
die Feſtung Königgrätz zu berühren. „Die Diſpoſition für
den eventuellen Rückzug wird morgen erfolgen.“

Um 11 Uhr hatte Krismanič ſeine Arbeit vollendet. Erſt
nach drei vollen Stunden aber, um 2 Uhr nach Mitternacht,
waren endlich die Abſchriften des Schlachtbefehls fertig und
konnten den ungeduldig draußen harrenden Ordonnanzoffizieren
übergeben werden. Dieſe ſprengten alsbald damit in die Korps=
hauptquartiere; obwohl jedoch die zurückzulegenden Entfernungen
nicht über 10 Kilometer hinausgingen, wurde es dennoch 4 Uhr,
bis die letzten Korps dieſe Anordnungen des Feldherrn in Händen
hatten — zu einer Stunde alſo, da die Heeresmaſſen des
Prinzen Friedrich Karl ſich längſt gegen den Biſtritzbach in
Bewegung geſetzt hatten, um die Entſcheidungsſchlacht ein=
zuleiten.

Auf der vom Schloß Sichrow nach Gitſchin führenden
Chauſſee kommen die Huſaren und Ulanen der Stabswache des
preußiſchen Großen Hauptquartiers herangetrabt. Ihnen folgt
der Wagen mit dem greiſen König Wilhelm, bei deſſen Anblick
die marſchierenden Truppen, an denen die Equipage vorüber=
fährt, in ſtürmiſche Hurrarufe ausbrechen. Freundlich dankt
der Monarch jedesmal, indem er die Rechte an den Garde=
helm hebt.

Solange die preußiſchen Heere getrennt operierten, leitete
Moltke ihre Bewegungen von Berlin aus mittels des Tele=
graphen. Nachdem aber die drei Armeen, deren ſtrategiſche
Front ſich bei Eröffnung des Feldzugs in weitem Bogen von
Dresden bis Neiſſe ausdehnte, ſo nahe zuſammengerückt waren,
daß ſie einander die Hand reichen konnten, hielt der oberſte
Kriegsherr es für geboten, in Perſon ihre Führung zu über=
nehmen. Kaiſer Franz Joſeph, eingedenk der üblen Erfahrungen
von 1859, hatte darauf verzichtet, das Feldherrnamt anzu=

treten. Daß König Wilhelm seine Truppen persönlich in die entscheidende Schlacht führte, in der Preußens Sein oder Nichtsein auf dem Spiele stand, betrachtete man als etwas Selbstverständliches im Lande wie in der Armee, deren unter so schweren Kämpfen mit der Volksvertretung durchgeführte Reorganisation er als sein „eigenstes Werk" ansah. Österreich besaß damals noch keine allgemeine Wehrpflicht; preußischerseits aber stand die Blüte des Volkes im Felde, und König Wilhelm wollte an ihrer Spitze nicht fehlen. Er war am 30. Juni früh um 8 Uhr vom Niederschlesischen Bahnhof in Berlin nach dem böhmischen Kriegsschauplatz abgereist; unmittelbar vorher traf noch eine Depesche mit der Meldung ein, daß die Armee des Kronprinzen sich in den Besitz der Elblinie gesetzt habe, dagegen war die Siegesnachricht von Gitschin noch nicht angelangt.

Die Kunde von den Siegen über Gablenz und Erzherzog Leopold hatte in der preußischen Hauptstadt wohl lauten Jubel entfesselt, allein noch immer herrschte unter der Bevölkerung die Befürchtung über den Ausgang der Kämpfe in Böhmen vor. König Wilhelm selbst hatte sehr bedächtig gemeint: „Das geht ja im Anfange alles zu gut, wenn es nur so weiter geht. Wir sind noch lange nicht über dem Berg." Von übermütiger Siegesgewißheit, wie sie in Wien vielfach zu Tage getreten, war man an der Spree sehr weit entfernt; die Meldungen der erstrittenen Erfolge kamen so rasch hintereinander, daß sie bei den skeptisch veranlagten Berlinern zuerst keinen rechten Glauben fanden. Bei der Abfahrt des Monarchen munkelte man sogar unter der am Bahnhof versammelten Dienerschaft: „Laßt euch doch nichts weis machen, die Siegesnachrichten sind ja alles Schwindel. Das wird nur so ausgesprengt."

Gegen Abend traf der König zu Reichenberg in Böhmen ein; gegen Mittag des 1. Juli wurde das Hauptquartier nach Schloß Sichrow verlegt, am 2. von da nach Gitschin, wohin Moltke schon am Vorabend aufgebrochen war, um sich mit den dorthin berufenen Generalstabschefs beider Armeen zu beraten. Noch während der Eisenbahnfahrt hatte er von Kohlfurt aus telegraphisch folgenden Befehl zur Regelung ihres weiteren Vorrückens erlassen: „Die Zweite Armee hat sich am linken Ufer der obern Elbe zu behaupten, ihr rechter Flügel bereit, sich dem linken der vormarschierenden Ersten Armee über Königinhof anzuschließen. Die Erste Armee rückt ohne Aufenthalt in der Richtung auf Königgrätz vor. Größere feindliche Streitkräfte in der rechten Flanke dieses Vormarsches soll General v.' Herwarth (Elbarmee) angreifen und von der feindlichen Hauptmacht abdrängen." Königgrätz war der südlichste Stützpunkt der Kaiserlichen und lag in der Richtung ihres etwaigen Rückzuges; wenn Friedrich Karl also dorthin vordrang und der Kronprinz sie an der obern Elbe festhielt, so drohte die Gefahr, daß der Rückzug ihnen abgeschnitten wurde.

Früh um 7 Uhr fuhr der König am Montag (2. Juli) von Sichrow ab. Überall zeigten sich unterwegs die Spuren der heftigen Kämpfe, die in den letzten Tagen hier stattgefunden hatten. Auf dem Schlachtfelde von Gitschin ließ das in Kolonnenbreite niedergetretene Getreide die Marschlinie der Truppen erkennen; strichweise lagen noch Pferdekadaver dort umher, wo die feindliche Reiterei zurück gemußt hatte, um sich vor dem verheerenden Schnellfeuer der preußischen Infanterie zu retten. Das Zündnadelgewehr war der österreichischen Regierung auch angeboten worden; man lehnte es aber mit dem Bemerken ab: „In Wien gibt's auch gescheite Leute." Jetzt führte die Infanterie eine Perkussionswaffe, das Lorenzgewehr, einen gezogenen Vorderlader, der mit dem preußischen Hinterladungsgewehr nicht konkurrieren konnte.

Auf dem Gitschiner Schlachtfelde kam von seinem Hauptquartier, Schloß Kamieneck, Prinz Friedrich Karl in einem offenen Jagdwagen herangefahren, um seinem königlichen Oheim Meldung zu erstatten. Der König begrüßte den Neffen, der wie immer die rote Uniform seiner Zietenhusaren trug, herzlich, beglückwünschte ihn zu seinen Siegen und ließ ihn zu sich in den Wagen steigen. Unterwegs berichtete der „rote Prinz" näheres über den Verlauf des Kampfes am 29. und über den Stand der Dinge bei seiner Armee. Er konnte dem König mitteilen, daß schon am 30. seine Kavallerie eine, wenn auch nur lose Verbindung mit der Zweiten Armee hergestellt habe. Oberstleutnant v. Barner war mit dem 1. Gardedragonerregiment nördlich um die österreichische Stellung auf Königinhof geschickt worden. Unterwegs trafen die Dragoner auf die vorgeschobene Reiterei des Kronprinzen, und jubelnd begrüßten die Kameraden einander. Die Heere hatten jetzt Fühlung miteinander: die Aufgabe war glücklich gelöst worden, die den preußischen Heeren das kurze Telegramm Moltkes vom 22. Juni zugewiesen hatte: „Seine Majestät befehlen, daß beide Armeen in Böhmen einrücken und die Vereinigung in der Richtung auf Gitschin aufsuchen." Die jetzt erreichte strategische Berührung genügte der Oberleitung; die taktische Vereinigung wollte Moltke erst weiter vorwärts sich vollziehen lassen. „Man zog es vor," sagt das preußische Generalstabswerk, „in einer Trennung zu verbleiben, die strategisch ohne Gefahr, sehr große taktische Vorteile gewähren konnte. Fand man den Gegner in einer Stellung, die durch den bloß frontalen Angriff nicht zu bewältigen war, so hätte man die Gesamtmacht nur versammelt gehabt, um sie behufs flankierenden Angriffs wieder trennen zu müssen. Keine der nur auf Entfernung eines kurzen Marsches getrennten Armeen lief Gefahr bei einem feindlichen Angriffe, da diesem die andere Armee in der Flanke gestanden hätte."

Gegen 1 Uhr war Gitschin erreicht, ein mittelgroßes Städtchen mit einem geräumigen Ring (Marktplatz), dessen Häuser vor dem Erdgeschoß die charakteristischen Lauben oder Bogengänge aufweisen. Der Ort erhält ein historisches Gepräge durch das auf der Südseite des Marktes aufragende imposante Schloß. Wallenstein hatte es erbauen lassen; später war es an die Trauttmannsdorff gekommen. Noch immer fanden Truppendurchzüge durch das von seinen Einwohnern fast verlassene Städtchen statt, das mit Verwundeten beider Heere überfüllt war. Die Johanniter bemühten sich, Unterkunft für sie zu schaffen, und da das Schloß den meisten Raum gewährte, so trat König Wilhelm es sofort für diesen Zweck ab und nahm Quartier in dem am Markt gelegenen Gasthof „zum goldenen Löwen".

Wichtige Entschlüsse mußten hier getroffen werden. Nach dem Gefecht von Gitschin war eine gewisse Verlangsamung der Operationen eingetreten, hauptsächlich infolge der furchtbaren Erschöpfung der Truppen, zumal bei der Ersten Armee. Nunmehr galt es aber, über die Art und Weise der ferneren Operationen und besonders über die Richtung ungesäumt sich schlüssig zu machen. Am 2. Juli ʼbildete die bereits über Gitschin hinaus vorgerückte Erste Armee in und um Horschitz das Zentrum der preußischen Heere; sie hatte zwei Avantgarden bei Milowitz und Ceretwitz. Bei zwei ihrer Korps (dem III. und IV.) war der Korpsverband aufgehoben, so daß ihre Divisionen: die 5. (v. Tümpling) und die 6. (v. Manstein) wie die 7. (v. Fransecky) und 8. (v. Horn) unmittelbar dem Oberkommando unterstanden. Dagegen war das II. Korps (v. Schmidt) in seinem Verbande geblieben. Endlich hatte diese Armee noch ein aus zwei Kavalleriedivisionen gebildetes Kavalleriekorps unter dem Prinzen Albrecht (Vater). Rechts von der Ersten, d. h. südwestlich, kantonierte die dem Prinzen gleichfalls unterstellte Elbarmee des Generals der Infanterie Herwarth v. Bittenfeld, deren Avantgarde mit der Front nach Süden bei Smidar stand. Sie umfaßte drei Divisionen: die 14. (Graf zu Münster-Meinhövel), die 15. (Freiherr v. Canstein) und die 16. (v. Etzel).* Erste und Elbarmee zählten zusammen 123 918 Streitbare. Links, nordöstlich von der Ersten Armee, stand die Zweite oder Schlesische Armee des Kronprinzen Friedrich Wilhelm: Gardekorps (Prinz August von Württemberg), das I. Korps (v. Bonin), V. Korps (v. Steinmetz), VI. Korps (v. Mutius) und die Kavalleriedivision Hartmann, zusammen 97 066 Streitbare. Von dieser Armee befand sich das I. Korps der Ersten Armee zunächst auf dem rechten (westlichen) Elbufer, seine Avantgarde war bis nahe nördlich Miletin vorgeschoben. Sonst stand diesseits der Elbe nur noch die Avantgarde der 1. Gardedivision (zwischen Miletin und Königinhof); alle andern Truppen der Zweiten Armee waren durch die Elbe von den andern Heeresteilen getrennt. Östlich des Flusses stand die Garde bei und nördlich Königinhof, das V. und VI. Korps bei Grablitz und — am meisten zurück — die Kavalleriedivision bei Neustadt a. d. Elbe.

Bald nach der Ankunft in Gitschin empfing der König im

---

* Auch die Garde-Landwehrdivision war der Elbarmee zugewiesen, kam aber nicht dazu, an der Schlacht teilzunehmen.

Beisein des Prinzen Friedrich Karl seinen ersten militärischen Ratgeber, den damals 66jährigen General der Infanterie, Helmuth Freiherrn v. Moltke, der seit 1858 Chef des Generalstabs der Armee war. Der große Stratege breitete seine Karten auf dem Tische vor dem Monarchen aus und begann in der ihm eigenen ruhigen und klaren Weise seinen Vortrag, in dem — wie in seinen Armeebefehlen — kein Wort zu viel oder zu wenig vorkam. Für die zu treffenden Entscheidungen war unerläßliche Vorbedingung, daß man genau wußte, wo die feindliche Hauptmacht stand; darüber herrschte aber — wie schon erwähnt — völlige Unsicherheit. Der Erkundungs= und Aufklärungsdienst wurde seitens der preußischen Kavallerie höchst mangelhaft betrieben. Es ging den Truppen und ganz besonders den höheren Führern eben noch die erforderliche Ausbildung dafür ab, wie auch überhaupt für die strategischen Aufgaben ihrer Waffe und für das Gefecht in großen Verbänden. So von dem Nachrichtendienst im Stich gelassen, war Moltke natürlich auf bloße Vermutungen angewiesen, und diese gingen irrtümlicherweise dahin, die Nordarmee stände bereits östlich der Elbe, die Front durch den Fluß geschützt, mit Flügelanlehnung an die Festungen Josephstadt und Königgrätz. Der König schloß sich dieser Meinung an, die auch von den maßgebenden Persönlichkeiten der Ersten und Zweiten Armee geteilt wurde. Wenn aber die Annahme richtig war, dann gab es — wie Moltke weiter darlegte — zwei Möglichkeiten: man mußte den Feind entweder aus seiner Stellung herausmanövrieren oder ihn darin angreifen. Im ersteren Falle mußten die preußischen Heere Front an Front, also unter Heranziehung der kronprinzlichen Armee auf das westliche Elbufer, südwärts nach Pardubitz marschieren, wo sie dann alle Verbindungen der Österreicher bedroht und dadurch ihre Stellung unhaltbar gemacht hätten. In diesem Sinne hatte der Kronprinz bereits am 30. Juni seinem Vetter Friedrich Karl geschrieben, daß er sich bei Miletin mit ihm zu vereinigen gedenke. Wollte man dagegen den Angriff wagen, der sicherlich große Opfer gekostet haben würde, dann war die Zweite Armee auf dem östlichen Elbufer zu belassen, um die Flanken und sogar den Rücken des Gegners wirksam zu bedrohen, während die Erste und die

Elbarmee den Fluß angesichts des Feindes überschritten und in der Front auf ihn losgingen.

Im Einvernehmen mit Moltke hielt es der König für nötig, daß, bevor die Entscheidung über Manöver oder Angriff getroffen werden könne, die Lage durch Rekognoszierungen auf beiden Elbufern erst noch mehr aufzuklären sei; dann konnte man auch am 3. Juli dem größten Teile der Truppen noch Ruhe gönnen. Der oberste Kriegsherr genehmigte den von Moltke bereits ausgearbeiteten Befehl für den folgenden Tag Danach sollte die Elbarmee sich auf Chlumetz dirigieren, um gegen Prag zu beobachten und sich der Elbübergänge von Pardubitz zu versichern. Die übrigen Korps der Ersten Armee hatten in die Linie Neu=Bydschow—Horschitz einzurücken, jedoch eine Abteilung ihres linken Flügels nach Sadowa zur Erkundung der Elblinie Königgrätz—Josephstadt zu senden. „Sollten vorwärts dieser Linie größere Streitkräfte des Feindes sich noch befinden, so sind solche mit möglichster Überlegenheit sofort anzugreifen.“ Für die Zweite Armee ward vorgeschrieben, daß das I. Korps über Miletin nach Bürglitz und Cerekwitz zur Beobachtung gegen Josephstadt vorgehen und den Rechtsabmarsch der Zweiten Armee decken solle, falls dieser befohlen würde. Die übrigen Korps seien am 3. noch auf dem linken Elbufer zu belassen; gegen die Aupa und Mettau wurden Erkundungen angeordnet.

Von der Zweiten Armee war Generalmajor v. Blumenthal, der kein allzu gefügiger und bequemer Generalstabschef war, nach Gitschin gefahren, um bei Moltke persönlich die Ansicht des kronprinzlichen Hauptquartiers zu vertreten, daß man mit der ganzen Zweiten Armee das rechte Elbufer zu gewinnen habe, statt auf dem linken im Süden und Osten zu demonstrieren. Er wurde nach beendeter Tafel vom König empfangen, der sich mit höchster Anerkennung über die Leistungen der Zweiten Armee aussprach, und begab sich dann zu Moltke, ohne jedoch zu seinem Verdruß bei diesem mit seiner Meinung durchbringen zu können. Ebensowenig hatte die vom Prinzen Friedrich Karl mitgebrachte Meldung des Obersten v. Zychlinski (von der Division Franfecky), der in der Nacht von Schloß Cerekwitz aus die Wachtfeuer des österreichischen Lagers bei Lipa

wahrgenommen hatte, die bisherige Auffassung des Großen
Hauptquartiers umzugestalten vermocht.

Es blieb daher bei dem ergangenen Befehl, mit dem Prinz
Friedrich Karl und Blumenthal zu ihren Truppen zurückfuhren.
Somit war alle Aussicht vorhanden, daß Benedeks Hoffnung,
auch am 3. Juli noch nicht angegriffen zu werden, sich erfüllen
würde. Als Prinz Friedrich Karl jedoch in seinem Hauptquartier
Kamienetz gegen Abend anlangte, erhielt er dort Meldungen,
die mit einem Schlage die im königlichen Hauptquartier ge-
hegten Anschauungen über die Stellung der kaiserlichen Armee
umwarfen. Oberst v. Zychlinski hatte früh morgens den Pre-
mierleutnant v. Heister mit einer Abteilung Aschersleberner
Husaren auf der Straße gegen Lipa zur Erkundung vorgeschickt;
er konnte feststellen, daß das III. österreichische Korps auf der
Höhe von Lipa stände. Die von Miletin bis auf eine Meile
an Josephstadt herangegangenen dritten Ulanen beobachteten von
dort aus große Massen feindlicher Infanterie; auf dem ent-
gegengesetzten Flügel ergab eine Erkundung, daß von Smidar
aus Sachsen kurz vorher abgerückt seien, um sich mit ihrer
und der österreichischen Armee auf Königgrätz hin zu vereinigen,
wo eine große Schlacht erwartet würde. Von entscheidender
Bedeutung aber wurde das Ergebnis des kühnen Rekognos-
zierungsrittes, den Major v. Unger im Auftrage des Hauptquartiers der Ersten Armee mit einem Reiterzuge während der
Abwesenheit des Prinzen unternahm. Es gelang ihm, in aller
Stille die feindlichen Vorposten zu umreiten und bis auf die
Höhe von Dub zu gelangen, die einen weiten Überblick ge-
stattete. Von hier aus war zu sehen, daß die auf den gegenüberliegenden Höhen befindlichen Lager mindestens mehrere
Armeekorps umfassen müßten. Den Aussagen angehaltener
Landleute und zweier gefangener österreichischer Ulanen war
zu entnehmen, daß hinter der Bistritz das III., X. und I. Korps,
bei Problus die Sachsen und hinter Lipa viel Artillerie und
Kavallerie stände. Außerdem erfuhr Unger, daß den Kaiserlichen bekannt gegeben worden sei, sie hätten sich mit Tagesanbruch gefechtsbereit zu halten, weil ein Angriff der Preußen
zu erwarten. Aus Sadowa brach nun aber eine feindliche
Ulanenschwadron hervor und machte sich sofort zur Verfolgung

der lecken Feinde auf. Ihr bester Reiter durchstach dem Major
den Rockschoß, wurde dann aber, als er nicht ablassen wollte,
von dem Unteroffizier des Trupps vom Pferde geschossen. Eine
wilde Jagd war's! Gerade zur rechten Zeit erschien eine dem
Trupp nachgesandte Schwadron vom thüringischen Ulanen=
regiment und hemmte die Verfolgung.

Zwischen 6 und 7 Uhr nachmittags traf Major v. Unger
auf Schloß Kamenetz wieder ein und erstattete dem Prinzen
Friedrich Karl seinen Bericht, auf Grund dessen nunmehr mit
voller Sicherheit angenommen werden konnte, daß große Massen
Österreicher noch vor der Elbe an der Bistritz lagerten. Der
Prinz drückte die höchste Anerkennung dem wackeren Offizier
aus, der für seinen verwegenen und folgenreichen Ritt nachher
den Orden Pour le mérite erhielt. Die Zahl der Kaiserlichen,
die v. Unger lagern gesehen, war offenbar viel zu groß, als
daß man etwa an eine in jener Stellung zurückgelassene Nach=
hut hätte denken können. Benedek mußte entweder am nächsten
Tage eine entscheidende Defensivschlacht noch diesseits der Elbe
annehmen oder aber selbst zum Angriff übergehen wollen —
letzteres nahm man preußischerseits am 2. Juli noch als das
wahrscheinlichere an.

Dieses Ergebnis der Erkundung faßte Friedrich Karl als
ein höchst willkommenes auf; machte es doch alles Kopfzerbrechen
über die ferneren Operationen unnötig, indem es sich jetzt nur
noch darum handeln konnte, die angebotene Schlacht anzunehmen
oder nicht. Der Führer der Ersten Armee war kein toller
Draufgänger, für den man ihn vielfach gehalten hat; zögernd
genug war er im ersten Teile des Feldzugs vorgegangen, daß
Moltke ihn wiederholt zu beschleunigtem Marsche, um der Zweiten
Armee Luft zu schaffen, mahnen mußte. In diesem Augen=
blick aber bewährte er seine Feldherrnbegabung, indem er ohne
Zögern sich entschloß, die Kaiserlichen am nächsten Morgen
anzugreifen, worin ihn sein Generalstabschef, Generalleutnant
v. Voigts=Rhetz, nachdrücklich bestärkte. Ganz klar sah man
aber immer noch nicht, indem der Prinz etwa nur die Hälfte
der Nordarmee auf den Hügeln hinter der Bistritz vermutete.
Mit ihr glaubte er es mit seinen eigenen Streitkräften auf=
nehmen zu können, und demgemäß traf er aus eigener Initiative

abweichend von den ihm für den 3. aufgetragenen Erkundungen, seine Anordnungen. Um 9 Uhr abends erging der Befehl: „Die Erste Armee sammelt sich morgen früh bei Tagesanbruch zum Gefecht gegen die Position an der Bistritz bei Sadowa, an der Straße Horschitz—Königgrätz." Die gleiche Weisung erging an die Elbarmee.

· Auf diese Weise gedachte Friedrich Karl unter allen Umständen die vor der Elbe stehenden Österreicher festzuhalten, so daß sie nicht über den Strom entwichen. Den Rest der Nordarmee vermutete er gegen Josephstadt, und damit ihm dieser nicht in die Flanke fiele, schrieb er an den Kronprinzen und bat ihn nach Mitteilnng der getroffenen Neuanordnungen, am folgenden Tage „mit dem Gardekorps oder mehr zur Sicherung des linken Flügels der Ersten Armee in der Direktion auf Josephstadt auf dem rechten (westlichen) Elbufer vorgehen zu wollen". Mit diesem wichtigen Briefe ward Leutnant v. Normann von den Zietenhusaren nach Königinhof in das kronprinzliche Hauptquartier geschickt. Als der Ordonnanzoffizier bereits fortgeritten war, sagte jedoch General v. Voigts-Rhetz im Hinblick auf die von Moltke erlassenen Befehle: „Ew. Königliche Hoheit, ich bin sicher, daß die Zweite Armee daraufhin nicht kommen wird. · Ich bitte um die Erlaubnis, mich ins Große Hauptquartier begeben und einen königlichen Befehl zum Eingreifen des Kronprinzen erwirken zu dürfen." Der Prinz sah dies ein und genehmigte den Vorschlag, worauf sich sein Generalstabschef unverzüglich nach Gitschin auf den Weg machte.

Nach einem forcierten Ritt kam Leutnant v. Normann gegen 12½ Uhr in Königinhof an und ließ sich sofort beim Kronprinzen melden, der bereits schlafen gegangen war. Er empfing ihn im Bett liegend, las das Schreiben durch und sagte dann: „Ich werde den Prinzen Friedrich Karl nicht mit Teilen, sondern mit meiner ganzen Macht unterstützen." Dieser im Impulse des Augenblicks gegebene Bescheid zeugt dafür, wie scharf und richtig der Kronprinz die Sachlage erfaßte. Es wurde nach Blumenthal geschickt, damit er die Antwort aufsetze; er war in dem Augenblick noch nicht von Gitschin zurück, kam aber bald und verfügte sich ohne Säumen zum Kronprinzen. Dieser erfuhr jetzt erst, daß sein

Generalstabschef im Großen Hauptquartier, obwohl er nach=
drücklich für den Übergang der gesamten Zweiten Armee auf
das rechte Elbufer eingetreten war, dennoch die ausdrückliche
Weisung empfangen hatte, dies solle (vom I. Korps abgesehen)
noch nicht geschehen. „Von diesem Befehl dürfen wir auch
jetzt nicht abgehen, Königliche Hoheit," erklärte Blumenthal,
„wenn auch jetzt der für die Erste Armee im allgemeinen Armee=
befehl vorgesehene Fall vorzuliegen scheint, daß größere feind=
liche Streitkräfte, die sie noch vor sich findet, sofort mit mög=
lichster Überlegenheit angegriffen werden sollen. Ich bin, wie
Ew. Königliche Hoheit wissen, in diesem Punkte durchaus nicht
mit General v. Moltke einverstanden, allein die Zweite Armee
muß sich an den ihr gewordenen Befehl hatten, morgen zu
rekognoszieren und an der Elbe zu bleiben." Der Kronprinz
sah ein, daß ein Abweichen davon einer völligen Durchkreuzung
der ihm jetzt bekannt gewordenen Absichten der obersten Heeres=
leitung gleichgekommen wäre; er konnte somit die vorher aus=
gesprochene Absicht einer Unterstützung Friedrich Karls nicht
aufrecht erhalten. Dies legte General v. Blumenthal in einer
schriftlichen Antwort dar, mit der Leutnant v. Normann um
3 Uhr morgens nach Kamienetz zurücksprengte.

In diesem Widerstreit der Meinungen, bei dem Wirrwarr,
der durch irrige Voraussetzungen entstand, würde es schwerlich
am 3. Juli zum Siege von Königgrätz gekommen sein, wäre das
Große Hauptquartier auch nur einen Tag später auf böhmischen
Boden eingetroffen. So aber fügte es die gewaltige Hand des
Schicksals, die sich anschickte, die Uhr des deutschen Dualismus
wieder einmal richtig zu stellen, um mit Bismarck zu reden,
daß Moltke während jener verhängnisvollen Nacht noch in
zwölfter Stunde — was hier fast buchstäblich aufzufassen —
eingreifen, alles in einheitlichem Geiste ordnen und das
Zusammenwirken beider Armeen in die Wege leiten konnte. —

Der in nächtliches Dunkel gehüllte Marktplatz von Gitschin
lag verödet da; dem wilden Getümmel, das den ganzen Tag
über geherrscht hatte, war tiefe Ruhe gefolgt. An der Marien=
säule inmitten des „Ringes" stand der dem Großen Haupt=
quartier attachierte Vorleser des Königs, Hofrat Louis Schneider,
der die offiziellen Berichte für den „Staatsanzeiger" abfaßte.

Er schaute nach dem Quartier des Königs hinüber, in dem noch Licht brannte, und da er wußte, wo der Schreibtisch stand, konnte er wahrnehmen, daß der pflichtgetreue Monarch am späten Abend noch arbeitete. Aus der nahen Kirche, die voll von Schwerverwundeten war, vernahm der Vorübergehende Schreien und Wimmern. Schneider trat ein und weilte einige Zeit an der Stätte des Grausens, wo das Blut auf den Steinfliesen rieselte. Als er von der Kirche aus durch das Tor ging, bemerkte der Hofrat einen Wagen, der in ungewöhnlicher Eile nach dem Markte fuhr. Er brachte den Generalstabschef der Ersten Armee.

Es war gegen 11 Uhr, als General v. Voigts-Rhetz sein Ziel erreichte. Der König verwies ihn an Moltke, der in einem gegenüberliegenden Hause am Markte wohnte und sich eben zur Ruhe gelegt hatte. Er prüfte die Sachlage und hielt es ebenfalls für wahrscheinlich, daß ein Angriff der Österreicher am andern Morgen zu gewärtigen sei. Die Anordnungen des Prinzen bezüglich der ihm unterstellten Heere fanden seine Billigung; dagegen erkannte er alsbald, daß eine Hauptschlacht bevorstehe, für die man alle Kräfte zur Hand haben müsse. Nach kurzem Überlegen stand sein Plan fest: während die Erste Armee gegen die Front und die Elbarmee gegen die linke Flanke vorrückten, mußte sich Kronprinz Friedrich Wilhelm mit seiner gesamten Macht auf die rechte Flanke der Österreicher werfen. Mit dem Ausruf: „Gott sei Dank!“, den ihm die endliche Beseitigung aller quälenden Zweifel entlockte, sprang er aus dem Bett und eilte zum König. Moltke selbst hat die nun folgende Scene eben so kurz wie anschaulich geschildert: „Auch Seine Majestät hatte sich auf seinem niedrigen Feldbett bereits zur Ruhe gelegt. Er erklärte sich nach meiner kurzen Auseinandersetzung der Sachlage völlig einverstanden, am folgenden Tage mit Heranziehung aller drei Armeen die Schlacht zu schlagen, und befahl mir, die nötigen Ordres an den Kronprinzen zu erlassen, welcher nunmehr die Elbe zu überschreiten hatte. Die ganze Verhandlung mit Seiner Majestät wird kaum mehr als zehn Minuten gedauert haben. Zugegen war niemand sonst.“

In Moltkes Quartier, wo der Generalquartiermeister, Generalmajor v. Podbielski, und dessen Schwiegersohn, Graf Wartensleben-Carow, Major im Großen Generalstab, ihn erwarteten, wurde um die Mitternachtsstunde der von letzterem redigierte kurze Befehl in drei Exemplaren geschrieben und dann auf zwei verschiedenen Wegen nach dem 30 km entfernten kronprinzlichen Hauptquartier, Königinhof, abgesandt. Das eine

Exemplar nahm Voigts-Rhetz mit, als er nach Kamienetz sich
zurückbegab, und schickte es von dort nach Königinhof. Der
direkte Weg von Gitschin über Miletin nach Königinhof war
erheblich näher und von einem guten Reiter in zwei Stunden
zu machen, die jedoch in unbekanntem Gelände und in
finsterer Nacht zurückgelegt werden mußten. Dieser Weg war
aber auch unsicherer, weil dem Feinde näher; jedoch die
Zeit drängte, denn es war inzwischen schon spät oder viel=
mehr früher Morgen geworden. So übernahm es der königs=
liche Flügeladjutant Graf Finckenstein, nur von einem Reit=
knecht begleitet, auf jenem Wege den Ritt zu machen. Es
war ein gefährliches Wagnis; wie leicht hätte nicht der Über=
bringer eines so wichtigen Schreibens von umherschwärmenden
feindlichen Patrouillen überrascht werden können! Indessen es
gelang; Graf Finckenstein traf, nachdem er unterwegs noch den
Vorposten vom I. Korps das zweite Exemplar des Befehls
mit der Weisung für das Korps, sich zu rechtzeitigem Vor=
marsch gegen die Bistritz bereit zu halten, eingehändigt hatte,
glücklich gegen 4 Uhr im kronprinzlichen Hauptquartier ein.
Auch das erste Exemplar des neuen Armeebefehls wurde dort
richtig abgeliefert. Die wichtigste Stelle lautete: „Eure König=
liche Hoheit wollen sogleich die nötigen Anordnungen treffen,
um mit allen Kräften zur Unterstützung der Ersten
Armee gegen die rechte Flanke des voraussicht=
lichen feindlichen Anmarsches vorrücken zu können,
und dabei so bald als möglich eingreifen.“
    Schon lange vor Tagesanbruch, bei den meisten Truppen=
teilen zwischen 2 und 3 Uhr, ertönten in den Biwaks und
Kantonnements der Ersten und der Elbarmee die Alarmsignale
durch die Nacht. Trommelschlag und Hornrufe wecken die
Schläfer. „An die Gewehre!“ klingt's in scharfem Kommando=
ton; Trompetengeschmetter ruft die Reiter zum Satteln. Zu=
nächst entsteht überall ein wirres Durcheinander, auf das die
Lagerfeuer ihren flackernden Schein werfen. Schlaftrunken und
frierend taumeln die Mannschaften umher, bald aber ordnet
sich alles wie durch Zauberkraft. Die Kompagnien schließen
die Reihen und begeben sich zu den angeordneten Rendezvous=
plätzen, und dann entwickeln sich lange Marschkolonnen, die sich

sämtlich in südöstlicher Richtung durch die Dunkelheit auf ein gemeinsames Ziel hin bewegen.

Das Wetter war äußerst ungemütlich. Anfangs schwebte nur ein leichter Nebel in der Luft, der nässend zu Boden fiel, als der Tag zu grauen begann. Allmählich wurde jedoch ein dichter Regen daraus, der stellenweise so heftig fiel, daß die Soldaten ihre Gewehre mit der Mündung nach unten trugen. Wer in der Geschichte bewandert war, mochte in der Erinnerung an die Katzbach und Belle-Alliance eine solche Witterung als gute Vorbedeutung begrüßen; im übrigen marschiert es sich schlecht im Dunkeln auf Wegen, die immer schlüpfriger und grundloser werden, zumal wenn man nicht ausgeschlafen und nichts im Magen hat. Dabei waren alle Feldflaschen leer — nicht mal einen Schluck vom elendesten Slibovitz (Pflaumenbranntwein) gab es, um das Frösteln in der Morgenkälte zu vertreiben.

Den weitesten Weg hatte die Elbarmee auf dem rechten Flügel zurückzulegen, die über Smidar auf Nechanitz an der Bistritz rückte, also in die linke Flanke und den Rücken der Kaiserlichen. Blieben die Österreicher stehen, wie es tatsächlich geschah, dann war diese Richtung die angemessenste; ging Benedek aber selbst zum Angriff vor, wie Friedrich Karl es immer noch für möglich hielt, dann war es gewagt, der Elbarmee jenen Weg anzuweisen. Sie war am frühesten abmarschiert, denn sie sollte die Erste Armee im Zentrum, gegen die der Stoß der Hauptmacht erwartet wurde, entlasten und mußte also gleichzeitig mit dieser an der Bistritz eintreffen. Über Horschitz und Milowitz rückten die Kolonnen des Prinzen Friedrich Karl auf verschiedenen Wegen gegen Sadowa; an der Spitze die Divisionen Fransecky (7.) und Horn (8.). Die erstere bildete den äußersten linken Flügel des ganzen Anmarsches und hatte bis zu dem erst nach Stunden zu erwartenden Eintreffen des Kronprinzen die Österreicher hinzuhalten. Rechts neben der thüringischen Division gingen die Pommern (II. Korps) vor; das III. (Brandenburger) folgte als Reserve.

Der Aufmarsch der Ersten Armee verzögerte sich etwas, weil man in der Dunkelheit auf den durchweichten Wegen allzu schlecht vorwärts kam. „Heute scheint's ernsthaft zu werden,“

meinte wohl ein Offizier zu dem andern, und dann wurden
einige Bemerkungen ausgetauscht, sonst aber ging der Marsch
durchweg in lautloser Stille vor sich. Auch die Mannschaften

verhielten sich schweigend; ab und zu machte ein übermütiger
Bursche einen Witz, der auf Augenblicke die Kameraden er=
heiterte und wie ein Lauffeuer durch die Reihen weiterging,
dann aber verstummte wieder alles. Bald nach Tagesanbruch
waren alle Heeresteile in die ihnen vorgeschriebene Linie ein=
gerückt. Wo irgend Zeit dazu blieb, kochte man aus der mit=
geführten „eisernen Ration" Kaffee, der einigermaßen wärmte
und stärkte. Gegen 6 Uhr befahl der Prinz Friedrich Karl,
nachdem die Elbarmee gemeldet hatte, sie werde zwischen 7 und
9 Uhr Nechanitz mit 36 Bataillonen erreichen, den weiteren
Vormarsch gegen die Bistritz.

Die Patrouillen und die vorschwärmenden Schützen schlüpf=
ten behend durch das naß und vom Regen niedergedrückt auf
dem Boden liegende Getreide. Die in geschlossenen Kolonnen
folgenden Truppen aber kamen nur mühsam vorwärts, und
wie es die Artilleriegespanne fertig brachten, die Räder der
Geschütze durch den weichen Boden zu bringen, war kaum zu
begreifen. So ging es nun voran über schlüpfrige Kohl= und
Rübenfelder, über Kartoffeläcker und mitten durch das hohe
Korn, das niedergetreten wurde, bevor die Sense des Schnitters
es berührte. Und doch zog ein gespenstiger Schnitter vor den
zum Kampfe eilenden Scharen her. Der rote Mantel, den er
um das Knochengerippe geschlagen hatte, wehte im Morgen=
wind; die Sense trug er auf der Schulter, grinsend nickte er
bald nach rückwärts, bald vorwärts nach den Stellungen der
Kaiserlichen: hüben wie drüben war dem Sensenmann die
blutige Ernte sicher!

Zwischen 6 und 7 Uhr wurden die Hügel erreicht, die
sich westlich von der Bistritz hinziehen, parallel mit den Höhen
von Chlum und Lipa, wo die Österreicher lagerten. Diese
waren längst alarmiert worden, als man die Avantgarde der
thüringischen (8.) Division, die fortan die Spitze des Zentrums
bildete, nach Klenitz vorschob. Das Dorf Dub, zwischen Klenitz
und Sadowa, fanden die vorgeschickten Patrouillen unbesetzt,
während in letzterem Orte feindliches Fußvolk gemeldet wurde.
Die Avantgarde der Division erstieg die Höhe bei Dub, die
bisher die Aussicht versperrt hatte. Da löste sich — um zehn
Minuten nach 7 Uhr — drüben unterhalb des weißen Chlumer

Kirchturms ein rundes Rauchwölkchen von dem grünen Hinter=
grunde. Ein paar Sekunden hernach vernahm man den Donner
des ersten Schusses, den die Batterie bei Cistowes abgefeuert
hatte, und schon kam auch die Granate herangesaust. Die
Schlacht von Königgrätz hatte begonnen!

In der Prager Vorstadt schrieb Feldzeugmeister v. Benedek
in der Frühe des 3. Juli an seine von ihm innig geliebte
Gattin Julie einen Brief, in dem es heißt: „Nun gewärtige
ich heute und längstens morgen eine entscheidende große Schlacht.
Wenn mein altes Glück mich nicht ganz verläßt, kann's zum
guten Ende führen, kommt es jedoch anders, dann sage ich in
Demut: ‚Wie Gott will.‘ Du, mein Kaiser und Österreich werdet
meine allerletzten Gedanken und Gefühle beherrschen. Bin ruhig
und gefaßt, und wenn erst die Kanonen in rechter Nähe donnern
werden, wird mir wohl werden.“ Als er seinem Diener schellte,
um ihm den Brief zur Besorgung einzuhändigen, meldete dieser
den General v. Baumgarten an. Der General hatte beim
III. Korps den Befehl bekommen, sich zu dem Feldherrn zu ver=
fügen, wußte aber noch nicht, daß er an Krismanić' Stelle treten
solle, der ja tatsächlich der Generalstabschef der Nordarmee
gewesen war. Benedek teilte dies dem General mit, der also
feine Aufgabe, dem Höchstkommandierenden als erster Berater
zur Seite zu stehen, in dem Augenblick erfuhr, als die Schlacht
bereits im Gange war.

Baumgarten berichtete sofort, daß er vor Königgrätz be=
reits Kanonenschüsse aus der Richtung von Sadowa vernommen
habe. Es konnte keinem Zweifel unterliegen, daß der Angriff
Friedrich Karls gegen die Bistritzstellung begonnen habe.

Um 7½ Uhr stieg der ganze Stab des Hauptquartiers zu
Pferde; in der gegen 300 Berittene zählenden Suite befanden
sich auch Henikstein und Krismanić, die jetzt erst ihre Absetzung
erfuhren. Umdüsterten Blickes gab Krismanić während des
Rittes auf das Schlachtfeld feinem Nachfolger die nötigen Auf=
klärungen. Am bedeutungsvollsten darunter war feine Mitteilung,
daß der preußische Kronprinz nach allen Meldungen noch bei
Josephstadt, also mehrere Meilen entfernt, stehe, und man es
somit zunächst nur mit den Heeren Friedrich Karls zu tun habe.

In scharfem Trabe ging es auf der Chaussee nach Lipa vorwärts, während der aus dem Bistritztale herüberschallende Geschützdonner sich von Minute zu Minute verstärkte. Die beiden Reservekorps, an denen man vorüberkam, ließ Benedek bald darauf anweisen, bis an die rückwärtige Seite der Höhen vorzugeben, die von den in erster Linie stehenden Korps verteidigt wurden. Die Hälfte der Artilleriereserve sollte auf der Höhe von Chlum auffahren; wenn die Kräfte der Preußen sich im Kampfe gegen diese starke Position erschöpft hatten, dann wollte er im Zentrum mit den Reserven vorstoßen, in der Hoffnung, dadurch die Schlacht entscheiden zu können, bevor die Zweite Armee herangekommen war.

Überall begrüßten die Truppen mit jubelnden Zurufen den Oberfeldherrn, während die Regimentskapellen die Volkshymne anstimmten. Die ersten Kanonenschüsse hatten fast sämtliche Korps der Nordarmee unter die Waffen gerufen. Die Hornsignale „Alarm!" gellten durch die Lager; die Glieder ordneten sich, die Standesrapporte wurden erstattet. Bald ward es allen klar, daß man es mit einem allgemeinen Angriffe zu tun habe; es mußten also schleunigst die für diesen Fall in dem teilweise erst wenige Stunden vorher eingegangenen Armeebefehl vorgeschriebenen Stellungen eingenommen werden. Die Stimmung der Truppen war durchweg eine freudig gehobene. Die Mannschaften waren besser daran wie die Preußen; sie hatten größtenteils vorher abkochen können und erhielten doppelte Rationen Wein und Branntwein. Die von den Kapellen gespielten nationalen Weisen, das Wienerlied, der ungarische Czardas oder der polnische Krakowiak wurden zeitweise von dem lauten Jubel der Soldaten übertönt.

Bei den in die Gefechtslinie abrückenden Truppen hielten die Bataillonskommandanten vorher kurze, kernige Ansprachen. Dann hieß es: „Patronen aufmachen!" und bald bildete sich vor jeder Linie ein blauer Streifen von weggeworfenem Patronenpapier. Die Gewehre wurden geladen, und die Musik intonierte das ergreifende Körnersche Gebet: „Vater, ich rufe dich!", während die Regimentsgeistlichen den Kriegern die Generalabsolution erteilten. Die Bataillone schultern die Gewehre und rücken auf die ihnen zugewiesenen Teile des Schlachtfeldes ab.

Es war nach 8½ Uhr geworden, als Benedek mit seiner Suite auf der Höhe von Lipa bei den Schanzen VI und VII ankam. Hier nahm er nun seine Stellung, von der aus er bis gegen 3 Uhr nachmittags die Schlacht beobachtete. Gleich der erste Überblick aber zeigte ihm ein wesentlich anderes Bild, als er nach den von ihm erlassenen Weisungen dort zu sehen erwarten mußte. Das III. Korps (Erzherzog Ernst) sollte hier bei Lipa—Chlum stehen, allein es befand sich ebensowenig wie das X. (Gablenz) in der angewiesenen Stellung. Benedeks Absicht war gewesen, nur die Höhen zu verteidigen und die fruchtlos dagegen anstürmenden Feinde durch seine vortreffliche Artillerie niederschmettern zu lassen; statt dessen mußte er jetzt den Kampf unten, zu seinen Füßen entbrannt sehen, auf der ganzen Linie vom Swiepwalde bis Mokrowous. Beim III. Korps war die Schlachtdisposition mit der auch hier wieder zu Tage tretenden Nachlässigkeit und Saumseligkeit der Befehlsübermittlung erst um 6 Uhr im Kriegsquartier zu Lipa eingetroffen; die in ihrem Sinne zu treffenden Anordnungen waren noch nicht abgegangen, als schon die Vorpostenmeldungen vom Anrücken der Preußen einliefen. Die Brigaden* hatten sich deshalb in die ihnen durch die Alarmdisposition vom 2. vorgeschriebenen Stellungen begeben. Erzherzog Ernst erließ nun sofort die Befehle zum Zurückgehen der Brigaden, nur Sadowa sollte in der Art eines Nachhutsgefechts so lange festgehalten werden, bis die übrigen Teile des Korps bei Lipa—Chlum Stellung genommen hatten. Brigade Appiano war im Swiepwalde bereits in ein Gefecht verwickelt und konnte es nicht gleich abbrechen; so wurde es 10 Uhr, bevor das III. Korps endlich dort stand, wo der Feldzeugmeister es haben wollte. Gablenz hatte der Schlachtdisposition entgegen zwei Brigaden an die Bistritz vorgeschickt und diese Linie von Mokrowous über Dohalitzka bis Sadowa besetzen lassen. Die Brigade Mondel

---

* Es sei daran erinnert, daß die österreichischen Armeekorps, ungefähr gleich stark wie die preußischen (rund 30 000 Mann), nicht gleich den letzteren in zwei Infanteriedivisionen zu je 13= bis 15 000 Mann eingeteilt waren, sondern meist in vier Brigaden zu etwa 7000 Mann. Hier war also die Brigade die Armee=Einheit der Infanterie, dort die Division.

stand bei Chlum und rückte nach dem Eintreffen des III. Korps
in ihre Stellung westlich von Langenhof; sie war dem Auge des
Feldherrn jedoch durch die Höhe von Chlum entzogen. An den
Schanzen, die zur Verstärkung dieser Stellung angeordnet waren,
wurde noch gearbeitet, und die Geschütze darin fehlten.

Während Benedek Adjutanten ausschickte, um dies auf=
zuklären, und General Baumgarten nach dem rechten Flügel
ritt, um die dortige Stellung persönlich zu besichtigen, traf
vom linken Flügel ein Schreiben des sächsischen Kronprinzen
beim Feldzeugmeister ein mit der Meldung, daß sich die ihm an=
gewiesene Stellung Trschesowitz—Problus bei ihrer Besichtigung
als gänzlich ungeeignet erwiesen habe. Er bäte, die weit gün=
stiger gelegene Position Problus—Prschim besetzen zu dürfen,
was Benedek genehmigte. Es wurde dadurch, wie das öster=
reichische Generalstabswerk auch hervorhebt, eine wesentliche
Verbesserung der Gesamtaufstellung bewirkt; auch das vom
Feldzeugmeister nicht angeordnete vorläufige Festhalten von
Nechanitz, das 5 km von Problus entfernt ist, erwies sich als
eine sehr zweckentsprechende Maßregel, die das Vordringen der
Elbarmee erschwerte. Infolge dieser Änderung kamen das zur
Unterstützung der Sachsen bestimmte VIII. Korps und die 1. leichte
Kavalleriedivision weiter zurück zu stehen, bei Charbusitz, in
gleicher Höhe mit der Armeereserve bei Wschestar; es fand der
von Benedek getroffenen Disposition gegenüber ein Zurück=
nehmen des ganzen linken Flügels statt.

Den Befehlshabern des IV. (Graf Festetics) und II. Korps
(Graf Thun) war der Auftrag geworden, auf dem rechten
Flügel die Höhen zwischen Chlum und Nedielischt zu besetzen,
um dem von Norden zu erwartenden preußischen Kronprinzen
den Weg zu versperren. Befohlenermaßen brachen ihre Truppen
erst gegen 8 Uhr auf, als der Angriff gegen die Mitte bereits
begonnen hatte. Als Graf Thun zu seiner nach Maslowied
vorgeschobenen Brigade Brandenstein kommt, findet er ihre
Vorposten schon im Gefecht mit der preußischen 7. Division,
und da ihn das Plateau von Maslowied überhaupt eine bessere
Stellung dünkt, so läßt er sein ganzes Korps dorthin nach=
rücken. Graf Thun sieht von Nedielischt aus das Korps in
der Richtung des Kanonendonners abschwenken, und da er nach

Benedeks Disposition ja auf dem rechten Flügel des IV. Stellung nehmen sollte, so leitete er daraus die Berechtigung her, mit seinem eigenen Korps die in jener Richtung gelegene Höhe von Horschenowes zu besetzen. Beide Korpskommandanten handelten damit dem Befehl des Oberfeldherrn zuwider, dem sie nicht einmal eine Benachrichtigung davon zukommen ließen, allein tatsächlich war die Stellung, die ihre Korps nunmehr einnahmen, besser als die von Benedek vorgesehene. Neben dem Umstand, daß Benedek die Schlacht mit der Elbe im Rücken angenommen hatte, wodurch er seinen Rückzug gefährdete, zumal bei der viel zu engen „Zusammenpackung" seiner Streitkräfte, ist gerade seine Positionswahl für den rechten Flügel am schärfsten getadelt worden, weil man von der durch ihn vorgeschriebenen Stellung auf dem niedrigeren Höhenzuge Chlum—Nedielisch den heranrückenden Kronprinzen überhaupt nicht gewahren konnte. Wohl aber war das von der die andere beherrschenden Höhe Maslowied—Horschenowes der Fall. Die beiden Korpsführer strebten also unwillkürlich danach, jenen Mangel zu verbessern. Verhängnisvoll für den Ausgang der Schlacht sollte jedoch werden, daß die beiden Grafen sich durch ihren Kampfeseifer fortreißen ließen, mit ihren Korps Front nach Westen zu machen und sich am Kampfe gegen Friedrich Karl zu beteiligen, während sie nach Norden auf der Hut stehen sollten. So boten sie dem Anmarsch der Zweiten Armee die Flanke, und als diese gegen Mittag herankam, fand sie das Tor zum Schlachtfeld geöffnet und konnte direkt in den Rücken des österreichischen rechten Flügels eindringen.

Dieses Zuwiderhandeln der Unterführer gegen die Befehle der obersten Leitung, über die sich Benedek ja mehrfach zu beklagen hatte, ist darauf zurückgeführt worden, daß die im Besitz hoher Kommandostellen befindlichen Mitglieder des Feudaladels dem Emporkömmling nur mit Widerwillen sich untergeordnet hätten. Das mag ja mitgespielt haben; zum großen Teil verschuldete es dagegen unbedingt auch Benedek selbst durch die schon erwähnte Dürftigkeit seiner Befehle, die niemals angaben, worauf die befohlene Aktion hinauslief, was ihr operativer Zweck und seine Endabsicht war. Endlich darf man mit O. v. Lettow-Vorbeck auch wohl annehmen, daß „die

Heeresleitung durch die bisherigen empfindlichen Niederlagen ganz wesentlich in ihrer Autorität erschüttert war. Mußte das Verhalten der Unterführer aber nicht auch eine Rückwirkung bei dem Feldzeugmeister hervorbringen, sein ohnehin nicht großes Selbstvertrauen noch mehr niederdrücken und seine Tatkraft lähmen? Es ist dies wichtig genug für das Verständnis seines weiteren Verhaltens an diesem denkwürdigen Tage."

Befremdend wirkt es jedenfalls, daß er den unten an der Bistritz gegen seinen Willen entbrannten Kampf weitergehen ließ. Genieoberst Piboll war mit dem Generalstabsoberst Neuber zu ·den Schanzen hinübergeritten, die er· hatte aufführen lassen, und die er, wie schon vor ihm General Baumgarten, von Truppen und Geschützen leer fand. Er machte auf das immer heftiger werdende Gefecht im Swiepwalde und die veränderte Stellung des IV. Korps aufmerksam, und mm schickte Benedek, als inzwischen außer dem III. auch das X. Korps bereits zurück= gegangen war, doch den Oberstleutnant Grafen Falkenhayn ab, um das IV. und II. Korps zum Einrücken in die vor= geschriebenen Stellungen auffordern zu lassen. Seine Weisung lautete: „Das IV. Korps solle sich nicht verleiten lassen, vor= zugeben, sondern stets auf die ununterbrochene Verbindung nach links mit dem III. Korps bedacht sein — die Zeit zu einem Offensivstoß sei noch nicht gekommen." Damit konnte zweifellos nur ein Offensivstoß gegen die Bistritz gemeint sein, und es geht daraus hervor, daß der Feldherr sich mit der Absicht trug, im geeigneten Augenblick gegen das preußische Zentrum vorzubrechen und dieses über den Haufen zu werfen, bevor die Zweite preußische Armee heran war. Das hatte ihm vom Beginn des Feldzugs an stets im Sinne gelegen. Der berühmte „geheime Plan" Benedeks hatte ja ebenfalls darin bestanden, mit seiner Hauptmacht zwischen die beiden feind= lichen Heere zu rücken und zuerst den Prinzen Friedrich Karl wieder aus Böhmen herauszuwerfen, um sich dann erst gegen den Kronprinzen zu wenden. Dadurch, daß er auch am 28. Juni noch hartnäckig an diesem Vorhaben festhielt, ließ er sich die Möglichkeit entgehen, Steinmetz bei Skalitz zu schlagen, und diesmal sollte sein beharrliches Außerachtlassen des kron= prinzlichen Heeres entscheidend für den Ausgang der Haupt=

schlacht wirken. Auf Benedeks Absicht, angriffsweise gegen das
preußische Zentrum vorzugehen, läßt auch das oben erwähnte
Vorziehen der Reserven schließen. Ferner spricht dafür, daß
er die Übergänge über die Bistritz nicht vorher zerstören ließ,
was sonst eine grobe Unterlassungssünde gewesen wäre, und
endlich, daß er die Brückentrains von vier Armeekorps untätig
auf dem Schlachtfelde behielt, wo sie bloß den Raum beengten,
statt durch sie noch mehr Übergänge über die in seinem Rücken
fließende Elbe zu schaffen. Im Falle eines Rückzugs konnten
ja gar nicht genug Brücken dort vorhanden sein; wollte er aber,
wie aus all diesen Gründen geschlossen werden muß, offensiv
vorbrechen, dann bedurfte er freilich jener Trains, um im
gegebenen Moment die Bistritz an möglichst vielen Punkten
überschreiten zu können.

Einstweilen konnte Benedek auch noch recht wohl daran
denken, denn die zuerst einlaufenden Meldungen über die Entwickelung der Schlacht lauteten durchaus nicht ungünstig. Er
verfügte zwar nur über 215 000 Mann streitbarer Truppen,
während die Preußen mit 221 000 Mann anrückten; allein
dieser geringe Unterschied wurde durch die Stärke der österreichischen Stellung weitaus wett gemacht, und dann konnten
bis Mittag ja auch nur die 124 000 Mann der Ersten und
der Elbarmee in den Kampf eintreten. Vor allen Dingen war
die Überlegenheit der österreichischen Artillerie, die sich an diesem
Tag mit so hohem Ruhm bedecken sollte, ganz bedeutend.
Benedek hatte 780 durchweg gezogene Geschütze, während in
der preußischen Artillerie sich noch 39 % glatte Zwölfpfünder
befanden, die sich auf einen Kampf über eine Entfernung von
1500 Metern gar nicht einlassen konnten. Dieses Übergewicht
der österreichischen Artillerie sollten die Preußen alsbald
schmerzlich gewahr werden.

Als Prinz Friedrich Karl an der Bistritz anlangte, wußte
er immer noch nicht, ob der ihm jenseits des Flüßchens gegen-
überstehende Feind nur die Nachhut bilde, die den Rückzug der
Kaiserlichen über die Elbe decken solle, oder ob er die gesamte
Nordarmee vor sich habe. Immer noch verhüllten Nebel und
Regen die Landschaft und machten einen genaueren Einblick

unmöglich; auch standen die Massen der österreichischen Infanterie überall wohlgedeckt in dem welligen Hügelgelände. Ein bei der äußersten Vorhut befindlicher Künstler, Fritz Schulz („Aus dem Tagebuch eines Schlachtenmalers"), schildert das Panorama, das sich von der Höhe vor Dub darbot, sehr anschaulich: „Es war terrassenförmig. Die einzelnen Abstufungen unterschieden sich durch die Massen des dazwischenfallenden Regens wie die Silhouetten von Theaterkulissen, immer schwächer in der Farbe werdend, je mehr sie sich dem fernen Horizonte näherten, der übrigens so hoch lag, daß er die letzten Höhen von Wschestar und Problus noch dominierte . . . Das Charakteristische war die unheimliche Stille und Öde. Die Äcker waren verlassen, und aus den Dörfern stieg kein Rauch empor; in dem weiten Raume vor uns war nichts Lebendes zu entdecken . . . Da lag zunächst ein Dorf, in der Mitte einige Pappeln, rechts eine Ziegelei mit hohem Schornstein — das war Sadowa*, weiter rechts fabrikartige Gebäude: eine Zuckersiederei, dahinter Schloß Dohalitz, links von uns, noch diesseits der Bistritz, das Dorf Sowietitz, vor ihm eine mäßige Anhöhe, der Roskoschberg. Dies alles war die erste Kulisse. Die zweite begann links mit einem etwas entfernter gelegenen Dorfe Benatek, erstreckte sich alsdann mit einigen waldigen Unterbrechungen (Swiepwald) zur Höhe von Chlum, dessen weißer Turm über dem berüchtigten Birkenwäldchen emporragte; in der Ferne rechts waren die Schattenrisse zweier aufeinander folgender Dörfer: Langenhof und Streschetitz zu erkennen. Die letzte Kulisse, nahe dem duftigen Horizont, bildete der Wald von Problus und das Dorf mit seiner hochgelegenen, weithin sichtbaren Kirche; tiefer lagen zur äußersten Rechten die Waldungen vor Nechanitz."

Es waren österreichischerseits im ganzen drei Brigaden (rund 20 000 Mann) bei den Bistritzübergängen aufgestellt. Gegen die Brücke von Sadowa ließ Prinz Friedrich Karl nun zunächst Kavallerie und reitende Artillerie vorgehen, um den Versuch zu machen, ob sie nicht im ersten Anlauf zu nehmen sei. Sie ritten in leichtem Trabe den Abhang zur Bistritz

---

* Sprich: Száddowa, zu Deutsch „Garten".

Chlum.
Ciftowes. Holawald.
Sabowa (unten). Zuckerfabrik. Problus. Dohaliska.

Aussicht von der Stellung König Wilhelms auf der Höhe von Dub.
Nach einer Skizze von L. Burger.

hinab, die auf den Ufern mit Erlen und niederem Gebüsch
eingefaßt war, und hielten dabei trotz des schlüpfrigen Bodens
aufs schönste ihre Linie. Am Fuß der Höhe angelangt,
schmetterten die Trompeten, und die Schwadronen schwenkten
herum, um die steinerne Bistritzbrücke zu gewinnen. Da fielen
aber auch schon die Schüsse einer Batterie, die in einem Felde
nächst dem von Baumgärten umgebenen Dorfe aufgestellt war.
Die dicht am Ufer abprotzende preußische reitende Artillerie
erwiderte das Feuer, aber von keiner Seite wurde zunächst
heftig kanoniert, so daß während einer halben Stunde hüben
wie drüben nur einzelne Schüsse fielen.

Prinz Friedrich Karl ließ inzwischen sofort einen um-
fassenderen Angriff vorbereiten; weitere Batterien nahmen das
Feuer auf; die Infanterie legte, wie es gewöhnlich unmittelbar
vor dem Anbinden mit dem Feinde geschah, Helme und Tornister
ab und machte sich zum Sturm bereit. Die Avantgarde der
8. Division (Horn) ging gegen die auf dem diesseitigen Ufer
gelegene Ziegelei von Sabowa vor und besetzte sie, nur schwachen
Widerstand findend; alsdann passierten Gros und Reserve das
Dorf Dub und nahmen auf dem sich gegen Sabowa allmählich
senkenden Abfall der nordöstlich von Dub gelegenen Höhe Aufstellung: die Bataillone nach der Mitte in Kompagniekolonnen
formiert. Auf dem Roskoschberge fuhren Batterien auf und
eröffneten gleichfalls das Feuer. Das thüringische Ulanen-

regiment ritt nördlich der Chaussee auf; eine Eskadron trabte in die linke Flanke nach Benatek, um die Verbindung mit der 7. Division herzustellen. Dieser frühe Beginn des Angriffs gegen die Bistritzlinie durch den Prinzen, bevor er noch Gewißheit hatte, wann der Kronprinz in die Schlacht eingreifen werde, und besonders das frühzeitige Vorschieben der 7. Division auf dem feindlichen Ufer des Flüßchens ist nicht mit Unrecht getadelt worden. Er mußte allerdings nicht, daß ihm und Herwarth die ganze Norbarmee gegenüberstand, sondern er rechnete höchstens auf vier Korps, und diese glaubte er unter allen Umständen festhalten zu sollen. „Konnte nicht Benedek," wie H. Blankenburg geltend gemacht hat, „mit schwächeren Kräften nördlich der Elbe stehen und dann die Gelegenheit, diese zu schlagen, verloren geben, wenn man ihnen Zeit ließ, sich der Umarmung, die sie bedrohte und von der der Feldherr durch Rekognoszierungen Kenntnis haben konnte, zu entziehen? Die frühe Stunde, in der Prinz Friedrich Karl den Kampf eröffnete, wies seiner Armee freilich eine furchtbare Aufgabe zu, eine Aufgabe, welche die Wellingtons am Tage von Waterloo weit überragte. Der britische Feldherr verfügte über eine Macht, die, den Vorteil der Defensive in Anschlag gebracht, derjenigen Napoleons mehr als ebenbürtig war. Prinz Friedrich Karl trat mit seinen drei Korps dem größten Teil der ganzen österreichischen Armee gegenüber. Nur die beiden auf Benedeks äußerstem linken Flügel stehenden Korps, das sächsische und das dahinterstehende VIII. österreichische, konnten durch Herwarth festgehalten werden, der ganze übrige Teil war gegen den Prinzen verwendbar. . . . . Diese gewaltige Masse konnte vier bis fünf Stunden lang gegen jene drei preußischen Korps ausschließlich verwendet werden. Geschah dies mit napoleonischem Geschick, so mußte Benedek wenigstens einen Teilsieg davontragen." Daß dies geschehen könne, befürchtete auch König Wilhelm selbst, als das Eintreffen des Kronprinzen gegen Mittag sich verzögerte, und Augenblicke schwerster Sorge wären ihm und dem Großen Hauptquartier erspart geblieben, wenn sein Neffe nicht so bald den Angriff eröffnet hätte. Die Erklärung dafür gibt vielleicht Heros v. Borcke, der in die Heimat zurückgekehrte frühere Chef von Stuarts Hauptquartier im Sezessions-

kriege, der zu dem von ihm hochverehrten Prinzen als Ordon=
nanzoffizier kommandiert war, wenn er meint: „Es ist mir
so vorgekommen, als wenn die Rivalität mit dem Kronprinzen
einer der Motoren für Friedrich Karl hierzu gewesen wäre,
und als wenn er sich mit der kühnen Hoffnung geschmeichelt
hätte, auch ohne Hilfe der Zweiten Armee die Siegespalme
zu erringen."

Nicht lange nach Eröffnung des Kampfes durch die Avant=
garde des Zentrums begann auch das Geschützfeuer auf beiden
Flügeln: bei der 7. Division auf dem linken Flügel und auf
dem äußersten rechten bei der Elbarmee, die den Auftrag hatte,
über Nechanitz den linken Flügel der Kaiserlichen zu umfassen,
während Friedrich Karl selbst sie in der Front mit der 8.,
3. und 4. Division, hinter denen die 5. und 6. Division stan=
den, festhielt. Die Kanonen der österreichischen Vortruppen
antworteten, auf den Höhen dagegen blieb noch alles ruhig,
und während dieser Zeit rückten die Massen der Ersten Armee nach.

Es war etwa 8 Uhr geworden, als die an der Bistritz
stehenden Truppen von rückwärts her ein dumpfes Geräusch ver=
nahmen, das immer näher kam und zuletzt als ein donnerndes
Hurrarufen erkennbar wurde. Es war der Morgengruß der
preußischen Soldaten an ihren obersten Kriegsherrn, der auf
das Schlachtfeld geeilt war, um in Person die Leitung zu
übernehmen. Bald darauf erschien dort, wo die große Kaiser=
straße die rückwärtigen Höhen überschritt, der „König Weiß=
bart" an der Spitze seiner ein starkes Reitergeschwader dar=
stellenden Suite. Er war um 5 Uhr von Gitschin abgefahren
und bestieg westlich des Hügels von Dub die Rappstute „Ve=
randa", die heute den Namen „Sadowa" erhielt. Graf War=
tensleben berichtet, ein königlicher Hofbeamter habe sich beim
Bestellen der Pferde des Königs ziemlich ironisch dahin ge=
äußert, es scheine in der Absicht zu liegen, dem hohen Herrn
ein Vorpostengefecht zu zeigen. Auch der Monarch selbst hatte
während der Fahrt immer noch nicht geglaubt, daß er in der
Tat Benedeks ganzes Heer noch diesseits der Elbe antreffen
werde. Ursprünglich war für den heutigen Tag nur eine Fahrt
zum Kronprinzen nach Königinhof beabsichtigt gewesen, und
daher kam es, daß der König frühmorgens in der Eile die

dafür bestimmte Fußbekleidung ohne Sporen anlegte. Aber=
gläubische Gemüter hätten darin ein schlimmes Vorzeichen er=
blicken können! Der König bemerkte das Versehen erst, als
er bei Dub zu Pferde steigen wollte, und legte kurzgefaßt ein
paar von einem Reitknecht entlehnte Anschnallsporen an. Im
übrigen trug er den Überrock mit Achselstücken, darüber einen
leichten Paletot, den Gardehelm und einen Füsiliersäbel.

Der König nahm die Meldung des Prinzen Friedrich
Karl entgegen und sprengte dann mit seinem zahlreichen Ge=
folge, dem sich nun auch der Prinz und dessen Stab an=
schlossen, auf die Höhe bei Dub, wo sich ihm der erste An=
blick des Gefechtsfeldes darbot. Auf dem höchsten Punkte
parierte er sein Pferd. General v. Horn, der zur Meldung
über den Chausseegraben setzte, rief in größter Besorgnis um
seinen königlichen Herrn ihm zu: „Majestät, ich beschwöre Sie,
diesen Punkt zu verlassen: der Feind enfiliert die Chaussee!"
Der König aber blieb ruhig halten. Man muß es den öster=
reichischen Kanonieren lassen, daß sie trotz des Nebels, der
noch im Bistritztale lagerte, guten Ausguck hielten, denn die
Reiterschar drüben bei Dub erregte sofort ihre Aufmerksamkeit.
Schon kam eine Granate herübergeflogen, schlug kaum zwanzig
Schritt von der Snite in ein Kornfeld ein und warf beim
Krepieren eine hohe Schlammsäule empor. Das Sausen hatte
die Pferde unruhig gemacht. Der König ließ das seine eine
Volte reiten, indem er bald scherzend zu seiner Umgebung
sagte: „Das danke ich Ihnen, meine Herren!" In demselben
Augenblick kam bereits ein zweites Geschoß, das nur wenige
Fuß über dem Monarchen fortging und hinter der Snite ein=
schlug. Auf den Zuruf des diensthabenden Flügeladjutanten
zerstreute sich nun das Gefolge, währenddessen sauste aber
auch schon die dritte Granate heran, die mit verheerender
Wirkung in eine Schwadron der thüringischen Ulanen links von
der Chaussee fuhr. Der König befahl die Weiterführung des
Angriffs gegen die Bistritzlinie und begab sich dann gegen
9 Uhr mit seinem Gefolge auf den unmittelbar nördlich von
der Kaiserstraße gelegenen Roskoschberg, von dem aus er nun
sechs Stunden lang die Schlacht verfolgte. Auch das Haupt=
quartier der Ersten Armee nahm dort Aufstellung. Da in=

zwischen vom linken Flügel her bereits Meldung gekommen war, daß General v. Fransecky mit der 7. Division Benatek genommen habe und in den Swiepwald vorgehe, so schickte Prinz Friedrich Karl von seinen fünf Divisionen jetzt drei in den Kampf. Das III. brandenburgische Korps (5. und 6. Division), heute unter General v. Manstein vereinigt, bildete nebst dem Kavalleriekorps die links der Höhe von Dub aufgestellte Reserve, die freilich für einen Angriffskampf unter solchen Umständen recht bedenklich schwach war, namentlich im Fall eines offensiven Gegenstoßes, mit dem man doch immer noch rechnen mußte.

Den ersten Angriff übertrug Prinz Friedrich Karl der thüringischen Division Horn (8.) vom IV. Armeekorps und der rechts neben ihr stehenden magdeburgischen (4.) unter Generalleutnant Herwarth v. Bittenfeld* vom II. Korps. General v. Horn wollte nicht direkt auf das Sadowaer Defilee losgehen, er ließ deshalb hier von seiner Avantgarde nur ein Schützengefecht führen und schickte sein Gros über die Chaussee nordwärts, wo es bei Sowietitz eine Brücke zum Übergang benutzte, die dem von den österreichischen Jägern rasch geräumten Skalkagehölz gegenüberlag. Indem sich General v. Bose dann von hier aus mit je zwei Bataillonen der Regimenter 31 und 71 der Chaussee zuwandte, drohte er der Besatzung von Sadowa (Brigade Prochaska vom III. Korps) in den Rücken zu fallen, die daher rechtzeitig abzog. Der General rückte hierauf in den Holawald, auch Wald von Sadowa genannt, ein, der sich zwischen diesem Dorfe und Ober-Dohalitz erstreckt. Er bildete ein ziemlich regelmäßiges Rechteck von etwa 700 Meter Seitenlänge, das längs der Königgrätzer Chaussee und der Lipa zugekehrten Ostseite hochstämmiges Laub- und Nadelholz, im übrigen dichtes Unterholz und Gestrüpp aufwies. Am West- und Südostsaum waren die Baumstämme 3 Meter über dem Boden umgeschlagen und die abgelösten Äste zur Herstellung von Verhauen benutzt worden. Die Thüringer folgten den unter leichtem Geplänkel weichenden Kaiserlichen

---

* Nicht zu verwechseln mit dem Befehlshaber der Elbarmee: General der Infanterie Herwarth v. Bittenfeld.

bis zum südöstlichen Rande des Gehölzes; auch das davor liegende Dorf Ober-Dohalitz wurde gegen 10 Uhr besetzt. Jedes Vorgehen über diese Punkte hinaus erwies sich jedoch als völlig unmöglich. Sowie sich einige Kompagnien weiter vorwagten und dadurch bekundeten, daß der Wald im Besitz der Preußen sei, konzentrierten die von Lipa bis Langenhof aufgefahrenen Batterien des III. und X. Korps ein mörderisches Feuer auf das Gehölz, das die drei gezogenen Batterien der Division (zwischen Sadowa und Cistowes) vergeblich abzulenken suchten. Die Bäume gewährten nur geringen Schutz; mit den von der Höhe kommenden Geschossen prasselten auch abgeschlagene Äste auf die Verteidiger nieder, in deren Reihen manche Lücken entstanden. Zahlreiche Verwundete wurden nach dem Försterhause von Sadowa zurückgetragen, von dessen Giebel die weiße Fahne mit dem roten Kreuz wehte. Avantgarde sowie die Reserve, von der dem General v. Fransecky auf sein Ansuchen das 4. Jägerbataillon und das I. Bataillon Nr. 72 zur Unterstützung geschickt wurden, rückten nach. Sie konnten zunächst gedeckt hinter dem Walde bleiben, bis das II. und das Füsilierbataillon der Zweiundsiebziger zur Verstärkung der Besatzung gleichfalls in das Gehölz vorgehen mußten. Fünf Stunden lang mußte die Division hier ausharren, ohne auch nur einen Schrittbreit Gelände gewinnen zu können.

Die Avantgarde der 4. Division Herwarth bildete das Regiment Nr. 49. Als es bei dem Dörfchen Mžan hielt, ritt Oberst von Wietersheim vor die Front und rief seinen Pommern zu: „Soldaten, in Berlin habe ich Sr. Majestät dem König versprochen, daß wir ein Loch in den Feind machen wollen. Heute stehen wir vor dem Feind. Neunundvierziger, wir werden ein Loch machen. Fahnen deployiert. Regiment vorwärts!" Das 2. Bataillon nahm die noch auf dem westlichen Bistritzufer gelegene Zuckerfabrik von Sadowa, dann watete alles durch den Bach, Unter-Dohalitz gegenüber, das gleichfalls mühelos besetzt wurde. Den zurückweichenden Österreichern folgte das Regiment bis Ober-Dohalitz, wo es in einer Mulde Aufstellung fand. Gros und Reserve der Division rückten über Sadowa und blieben zwischen der Bistritz und dem Holawalde stehen, als Reserve für die Division Horn.

General v. Werder, der nachmalige berühmte Verteidiger der Lisainestellung, ging aus eigener Initiative mit seiner pommerschen Brigade (6.) vom II. Korps gegen Mokrowous vor. Die Vierundfünfziger durchwateten die Bistritz und nahmen den Ort; die links von ihnen vordringenden Vierzehner fanden Dohalitzka bereits geräumt. Die österreichischen Vortruppen hatten die Weisung erhalten, vor einem überlegenen Angriff sich auf die Höhen zurückzuziehen, was ihre Abteilungen plänkelnd, in guter Ordnung, jedoch mit Zurücklassung von 220 Gefangenen, bewerkstelligten. Ein weiteres Vorgehen der Preußen war auch hier unausführbar gegenüber den Batterien von Langenhof, die nun ebenfalls in Tätigkeit traten und ein solches Feuer entwickelten, daß jeder Versuch, die Hänge der hinter den Ortschaften emporsteigenden Höhen zu erstürmen, Wahnsinn gewesen wäre. Werder verbot es den ungeduldig im Granatfeuer haltenden Bataillonen deswegen auf das strengste. Im ganzen standen dort oben 160 Kanonen stockwerkförmig übereinander in Position, denen die Preußen im Zentrum nur 132 entgegenzustellen hatten. Seltsamerweise waren bei den letzteren die Verhältnisse in Bezug auf die Technik der Schußwaffen im Jahre 1866 gerade umgekehrt wie im deutsch-französischen Kriege; während die österreichische Artillerie die überlegene war, zeigte sich die französische der deutschen an Zahl, wie an Leistungsfähigkeit unterlegen. Dahingegen besaßen die Franzosen in ihrem Chassepot eine dem Zündelgewehr, gegen das die österreichische Infanterie nicht aufzukommen vermochte, weit überlegene Waffe.

Auf der ganzen Front entstand nun ein Geschützkampf, der — wie es in einem Bericht heißt — „vielleicht nicht seinesgleichen in der Geschichte hat; es waren nicht einzelne Schüsse, welche man hörte, sondern ein fortgesetztes Donnerrollen, das, verbunden mit dem Pfeifen und Rasseln der umherfliegenden und krepierenden Granaten, einen betäubenden Lärm verursachte." Es zeigte sich jetzt die gewaltige taktische Stärke der von Benedek gewählten Stellung. Daß die Höhen von Chlum, Lipa und Langenhof in der Front vorläufig uneinnehmbar seien, war unverkennbar. Der Kampf mußte somit im Zentrum hinhaltend geführt werden, bis das Eingreifen

der Flügelarmeen den Feind wankend machte. Daß der Kron=
prinz mit der ganzen Zweiten Armee kommen werde, hatte der
inzwischen zurückgekehrte Graf Finckenstein gemeldet; allerdings
berechnete man im Großen Hauptquartier sein Eintreffen um
eine ganze Stunde früher, als es tatsächlich erfolgte. Bis
dahin galt es, Benedek festzuhalten, damit er nicht entwich, und
sein Heer zur Entwickelung zu zwingen. In der anderen Flanke
mußte die Elbarmee den linken Flügel der Nordarmee um=
fassen und den Kaiserlichen womöglich den Rückzug auf Pardu=
bitz verlegen. Um dies dem General Herwarth v. Bittenfeld
mitzuteilen, wurden gegen 10 Uhr Oberst v. Döring, der Chef
des preußischen Nachrichtenbureaus, und Hauptmann v. Bronsart
nach dem rechten Flügel geschickt, von wo noch kein Voran=
schreiten des Angriffs wahrnehmbar wurde.

Wenn man den Holawald für das spätere Vorbrechen
festhalten wollte, so mußten baldmöglichst noch mehr Batterien
auf das jenseitige Bistritzufer gebracht werden. Dafür reichten
aber die wenigen vorhandenen Übergänge nicht entfernt aus.
Den Pioniersektionen der Infanterie gelang es nicht, für
Artillerie genügend feste Überbrückungen zu schaffen, und die
Pioniere mit den Pontontrains kamen zum Teil zu spät, teils
blieben sie unbegreiflicherweise völlig untätig. Andere Ab=
teilungen der technischen Truppen waren an Orten zurück=
gelassen worden, wo es gar keine Verwendung für sie gab;
alles dies bildet einen der schwersten Fehler, die preußischer=
seits gemacht worden sind. Wäre man, zumal nachdem im
späteren Verlaufe auch noch die Reserven über die Bistritz ge=
rückt waren, plötzlich durch einen Angriff der Österreicher zum
Zurückweichen auf das westliche Ufer genötigt worden, so hätte
gar leicht eine Katastrophe entstehen können!

Der Artilleriekampf dauerte fort. Nachdem das X. öster=
reichische Korps (Gablenz) die Höhenstellung neben dem III.
eingenommen hatte, bildete ihre Artillerie zusammen eine Ge=
schützlinie von der Länge einer Viertelmeile. Gablenz' zehn
Batterien, die neben den sieben bei Lipa aufgestellt waren,
feuerten so heftig, daß die drei Brigadebatterien sich bis gegen
11 Uhr bereits verschossen hatten. Er suchte daher um Aus=
hilfe nach, worauf auch alsbald drei Batterien von der 3. Ka=

valleriedivision und vier von der Armeereserve auffuhren.
Preußischerseits konnten die glatten 12pfündigen Batterien gegen
diese Höhenstellung überhaupt nicht wirken. Die gezogenen
Batterien der Divisionsartillerie dagegen taten wacker ihre
Schuldigkeit; sie wurden auch aus der Armeereserve verstärkt.
Noch immer aber standen die Batterien gegen die österreichischen
beträchtlich an Zahl zurück; teilweise entbehrten sie auch ein=
heitlicher Leitung, und zudem wurde ihre Wirkung, obwohl das
Wetter sich inzwischen etwas aufgeklärt hatte und besseres
Zielen ermöglichte, durch das Schießen gegen die Höhe stark
beeinträchtigt. Außerordentlich schwierig war der Munitions=
ersatz, da die Übergänge meist verstopft vorgefunden wurden.
Die österreichische Artillerie ließ sich trotz beträchtlicher Verluste
nicht dazu verleiten, den Kampf mit der preußischen Schwester=
waffe aufzunehmen. Sie hielt vielmehr unablässig den Wald
und die Dorfschaften unter Feuer, den Aufenthalt in beiden
immer unerträglicher machend. „Wir suchten Schutz," berichtet
einer der Mitkämpfer, „aber wo war Schutz zu finden gegen
solches Feuer! Die Vollgranaten schlugen durch die Lehm=
wände wie durch Pappe durch; endlich steckten die springenden
Geschosse das Dorf in Brand. Wir zogen uns links in den
Wald hinein, aber hier war es nicht besser; Zacken und mäch=
tige Baumsplitter flogen um uns her. Zuletzt kam es wie
Apathie über uns. Wir zogen unsere Uhren und zählten. Ich
stand neben der Fahne. In zehn Sekunden krepierten vier
Granaten und ein Shrapnell* dicht vor uns. Wenn ein
Shrapnell in der Luft krepiert, so prasselt es wie Hagel auf
die Erde nieder, und in der Luft steigt ein schöner Ring von
Rauch auf, immer mehr sich erweiternd, bis er verfließt. Ich
sah das alles. Jeder fühlte, er stehe in Gottes Hand. Den
Tod um uns, vor uns, war Ruhe über uns gekommen."

In seinen militärischen Werken erklärt Moltke in einem
Abschnitt über „Gefechtsführung" es für besonders günstig,
„wenn am Schlachttage die Streitkräfte von getrennten Punkten

---

* Mit kleinen Kugeln gefülltes Hohlgeschoß, das eine Spreng=
ladung kurz vor dem Ziel in der Luft zum Krepieren bringt.

aus gegen das Schlachtfeld selbst konzentriert werden können;
wenn die Operationen also derartig geleitet wurden, daß von
verschiedenen Seiten aus ein letzter kurzer Marsch gleich=
zeitig gegen Front und Flanke des Gegners führt. Dann
hat die Strategie das Beste geleistet, was sie zu erreichen ver=
mag, und große Resultate müssen die Folge sein. — Keine
Voraussicht freilich kann es verbürgen, daß die Operation in
getrennten Heeren wirklich zu diesem Schlußresultat führe,
dasselbe ist vielmehr abhängig nicht bloß von den berechenbaren
Größen, Raum und Zeit, sondern vielfach auch von dem Aus=
gange vorangehender partieller Gefechte, vom Wetter, von falschen
Nachrichten, kurz von dem, was im menschlichen Sinne als Zu=
fall und Glück bezeichnet wird. Große Erfolge im Kriege
sind aber einmal nicht ohne große Gefahren zu
erreichen."

Die größte Gefahr drohte an diesem Tage der 7. Divi=
sion unter Generalleutnant v. Fransecky, und ihr stand die
härteste Prüfung bevor. Ihm und seinen wackeren Altmärkern,
Magdeburgern und Harzern gebührt daher auch der Ruhm,
am meisten zum siegreichen Ausgange der Schlacht beigetragen
zu haben. Er hatte sofort seine Aufgabe erfaßt, die darin
bestand, auf dem linken Flügel die Österreicher so lange hin=
zuhalten, bis der Kronprinz von Norden eingreifen konnte.
Gleich nachdem er am Abend des 2. Juli die Disposition des
Prinzen Friedrich Karl erhalten und daraus ersehen hatte, daß
Herwarth auf Nechanitz dirigiert sei, sagte er zu seinem General=
stabsoffizier, Major v. Krensky: „Wenn der Feind sich auf
den Kampf bei Sadowa einläßt und dort festgehalten wird,
wenn ferner General Herwarth ihn in der linken Flanke faßt,
wir aber auf Benatek marschieren, so gibt das eine Mause=
falle." Bevor er aufbrach, schickte er einen Husarenoffizier,
Graf Hohenthal, zu dem am nächsten stehenden Teil der Zweiten
Armee, der Avantgarde des Gardekorps unter General v. Alvens=
leben, nach Daubrawitz, um ihm zu melden, daß bei Sadowa
das Gefecht beginne, und ihn zu bitten, „daß alles, was in
und um Daubrawitz stände und erreichbar sei, heraneilen möge,
um die 7. Division zu unterstützen und namentlich deren linke
Flanke zu decken." Eine sehr erwünschte Hilfe hätte ihm das

schon um 3 Uhr morgens von der Heeresleitung benachrichtigte
I. Armeekorps bringen können, wenn es bei Zeiten abmarschierte,
allein der bei Trautenau geschlagene General v. Bonin ver=
sagte auch diesmal wieder.

Als um ¹/₂8 Uhr von Franseckys Avantgarde (General
v. Gordon) die 67er Füsiliere gegen Benatek vorstürmten, hatten
die Österreicher den Ort schon geräumt, der infolge der vor=
hergegangenen Beschießung teilweise in Flammen stand. Gros
(General v. Schwarzhoff) und Reserve marschierten nördlich
vom Dorfe auf. Es galt nun, den Bergwald zu nehmen, der
unmittelbar vor der rund 12 000 Mann zählenden Division
zwischen Benatek im Norden, Maslowied im Osten, Chlum im
Süden und Cistowes im Südwesten lag, nach Nordosten hin
steil abfallend, nach Westen und Südwesten allmählich sich
abflachend. Von seinem Vorhandensein erhielten die preußischen
Führer erst durch den Augenschein Kenntnis, da er auf den
vorhandenen, sonst recht genauen Karten nicht eingetragen war.
Dies Gehölz, der berühmte Swiepwald, hat eine unregelmäßige
Gestalt, ist von Osten nach Westen etwa 1500 Meter lang
bei einer größten Breite von 500 Meter und von Benatek
durch eine mit einzelnen hohen Bäumen bestandene Wiese ge=
trennt. Dahinter steigt der Wald stark bergan, erst einen
Rücken und dann eine buschige Schlucht bildend, hinter der das
Gelände nochmals ansteigt, um in seiner größten Breite auf
dem Höhenrücken vor dem tiefer im Grund gelegenen Dorfe
Cistowes zu enden. Am Nordrand sprang bastionartig ein
Waldstück vor, von dem der Divisionskommandeur sofort erklärte:
„Diese Ecke ist der Pfeiler, auf den der linke Flügel sich zu
stützen hat; sie darf nicht verloren geben!" Den Bestand
des Waldes bildeten teils Hochwald (Laub= und Nadelholz),
teils Eichenschonungen, in denen am Schlachttage viel Klafter=
holz aufgeschichtet lag, hinter dem die Schützen Deckung suchten.

Als Vortruppen der Kaiserlichen standen in der Frühe
Bataillone der Brigaden Brandenstein (IV. Korps) und Ap=
piano (III. Korps) im Swiepwald. Um 8¹/₂ Uhr ging Gordon
mit den vier Bataillonen der Avantgarde (Rgt. Nr. 27 und
Füsilierbat. 67) vor. Mit stolz entfalteten Fahnen und unter
Trommelschlag rückten sie wie auf dem Exerzierplatz an, ohne

im feindlichen Feuer einen Schuß zu tun. Voran die Offiziere mit geschwungenen Degen, dahinter die Mannschaft mit
gefälltem Bajonett — so wird der Nordrand des Waldes
unter lautem Hurra erstürmt und dann hineingedrungen. Im
Innern konnte man des Feindes kaum ansichtig werden bei
dem Regen und dichten Nebel, den der Pulverdampf zwischen
den Bäumen noch undurchdringlicher machte. Namentlich die
österreichischen Jäger machten den Preußen viel zu schaffen,
als sie, grauen Gespenstern gleich, bald einzeln, bald in Gruppen
von Baum zu Baum sprangen, hinter jeder Deckung feuernd,
um gleich darauf wieder zu verschwinden. Wo eine Lichtung
sich öffnete, tat das Zündnadelgewehr seine Schuldigkeit; die
Österreicher mußten zurück, trotzdem ihre Führer auf den
langen Blechpfeifen immer „Avancieren!" bliesen. Bei diesem
Vorgehen über die mit Gestrüpp bewachsenen Hänge hörte
natürlich jede Übersicht und bald auch aller Zusammenhang
auf; stets suchten die Offiziere aber wenigstens kleinere Abteilungen um sich zu sammeln. Allmählich gelangten die Preußen
in den Besitz des größten Teiles der Waldung, ohne bei ihrer
Ausdehnung jedoch den ganzen Rand besetzen zu können. Die
Siebenundzwanziger, die sich ganz besonders hervortaten, erreichten zuerst den Südrand und nahmen auch Cistowes. Die
67er Füsiliere setzten sich in der Nordostbastion fest und wiesen
mit zwei Bataillonen der 66er, die Fransecky zur Unterstützung
nachschickte, den Angriff zweier frischer Bataillone der Brigade
Brandenstein und mehrerer Jägerkompagnien ab. Kaum hatten
die Kaiserlichen den Wald geräumt, als die Batterien bei
Maslowied ihn auch schon unter verheerendes Feuer nahmen;
es waren dort 40 Geschütze aufgestellt, denen gegenüber die
preußische Divisionsartillerie mit ihren 24 Kanonen schweren
Stand hatte.

Graf Festetics sah die Trümmer der Brigade Brandenstein aus dem Gehölz hervorkommen; dagegen empörten sich
sein aristokratischer Stolz und seine soldatische Tapferkeit in
gleicher Weise, so daß er beschloß, den Preußen den Wald
wieder zu entreißen. Daß er damit den Gehorsam gegen den
Oberfeldherrn und seine Pflicht als Korpsführer verletzte, be-
dachte er nicht. Er gab die Stellung gegen Norden auf, was

um so fehlerhafter und zugleich überflüssiger war, als er durch
seine Artillerie den Swiepwald ohne eigene beträchtliche Ver=
luste genau so verderblich für die Preußen machen konnte, wie
dies seitens der Batterien des III. und X. Korps gegenüber
dem Holawald geschah. Nachdem seine drei andern Brigaden
des IV. Korps aufmarschiert waren und die inzwischen bis auf
80 Geschütze vermehrte Artillerie den Angriff vorbereitet hatte,
ließ Graf Festetics um $^1/_2$10 Uhr die Brigade Fleischhacker
gegen Cistowes und die Brigade Pöck gegen die Südostecke
des Waldes zum Sturm antreten. Gleich darauf riß ein
Granatsplitter dem Korpskommandanten die Spitze des linken
Fußes weg. Sein Adlatus, Feldmarschalleutnant v. Molli=
nary, übernahm das Kommando; während er von Chlum aus
den Vorstoß der beiden Brigaden anordnete, ließ er gleich=
zeitig den Feldmarschalleutnant Grafen Thun (II. Korps)
um Unterstützung des Angriffs angehen, die dieser auch zu=
sagte. Das Waldstück vor ihrer Front schien auf die Führer
eine geradezu magnetische Kraft auszuüben; so zog das tapfere
Auftreten der 7. Division allmählich fast zwei ganze Korps
auf sich, die ihre Posten verließen und in dem vereinzelten An=
stürmen sich abmatteten und zum Teil verbluteten.

Immerhin wurde die Sache für die Preußen sehr ernst,
jedoch Fransecky, „der Fanatiker für Ehre und Pflicht“, besaß
die Energie, die übernommene schwere Aufgabe auch durchzu=
führen. Als der Sturm der beiden Brigaden drohte, zog er
die noch in Reserve gehaltenen Bataillone vom 26. und 66. Regi=
ment in den Wald, wo sie dem vordringenden ersten Treffen
der Brigade Pöck gerade in die Flanke stießen, während
von Westen, aus dem Skalkawäldchen, die von der 8. Division
zur Unterstützung gesandten Truppenteile eingriffen. Mit
klingendem Spiel, unter Hurra= und Eljenrufen drangen die
Kaiserlichen unaufhaltsam vorwärts; das Schnellfeuer des Zünd=
nadelgewehrs streckte jedoch neben der Hälfte der Mannschaft
den stets an der Spitze seiner Brigade voranstürmenden Oberst
Pöck, sowie sämtliche Stabsoffiziere (bis auf einen) im Gehölz
zu Boden. Über 1000 Gefangene wurden gemacht; Rittmeister
v. Humbert, der mit der 1. Eskadron 10. des Husarenregiments
in einer Mulde südwestlich von Benatek hielt, warf sich mit

feiner Reiterschar auf das I. Bataillon vom Regiment Erzherzog Ferdinand, das die Direktion verloren hatte und an der Nordwestseite des Waldes ins Freie gelangte, und nahm die völlig überraschte Truppe gefangen. Durch die Brigade Fleisch=hacker wurde das Dorf Cistowes den Preußen entrissen; zwei Offiziere mit ihren Schützenzügen gerieten in Gefangenschaft. Alle Versuche, in den Südrand des Waldes einzudringen, wurden jedoch von den übrigen Teilen des 27. Regiments ab=gewiesen. Fransecky, dem ein Pferd unter dem Leibe erschossen wurde, entging nur mit knapper Not der Gefangennahme. Obwohl ihn Offiziere und Soldaten wiederholt baten, sich nicht so sehr zu exponieren, ritt er, ruhig seine Zigarre rauchend, in der Schützenlinie umher, durch sein Beispiel die Soldaten zu festem Ausharren ermunternd. Ebenso verfuhren an anderen Stellen General v. Gordon, die Obersten v. Zychlinski und v. Bothmer und die andern höheren Offiziere.

Über Reserven verfügte der General indessen jetzt nicht mehr, und schon machte sich das II. österreichische Korps be=reit, auf das wiederholte Ansuchen Mollinarys einzugreifen. Graf Thun ließ die beiden noch ganz frischen Brigaden Württem=berg und Saffran zum Vorbrechen antreten. Um diese Zeit traf der von Benedek abgeschickte Graf Falkenhayn bei Mollinary mit der Mahnung ein, von den Truppen der Ersten Armee abzulassen, weil „die Zeit zu einem Offensivstoß noch nicht ge=kommen sei". Mollinary dagegen war von dem Gedanken, der Sieg könne nur durch den allgemeinen Angriff gegen Friedrich Karl entschieden werden, so eingenommen, daß er sich auch jetzt noch nicht fügte. Er setzte Falkenhayn die Gründe dafür auseinander und sandte ihn mit der geschriebenen Mel=dung: „Ich bin mit dem II. Korps in unmittelbarer Berührung, vor dem II. stehen wenige Feinde, ich habe daher das II. Korps gebeten, durch einen Offensivstoß mich zu degagieren," um ³/₄12 Uhr an Benedek zurück.

Der Aufenthalt im Walde war mittlerweile immer furcht=barer geworden. Es gehörte seitens der Verteidiger nicht nur todverachtender Mut — denn den besaßen die eine nach der andern anstürmenden kaiserlichen Brigaden gleichfalls —, sondern auch eine bewunderungswürdige Disziplin und unerschütterliche

Pflichttreue dazu, um in einem solchen Feuer und unter den schwersten Verlusten so überlegenen Angriffen standzuhalten. „Die 7. Division," sagt ein Mitstreiter, „hielt die Österreicher fest, wie der Bullenbeißer, der den Feind faßt und zerfleischt, ohne darauf zu achten, daß er selbst dabei zu Grunde geht." Es feuerten jetzt 120 Geschütze in den Wald hinein, um den neuen Angriff vorzubereiten — wie sollten ihn die schon so arg dezimierten 14 preußischen Bataillone aushalten? Zum Glück war kurz vorher die wie Erlösung klingende Kunde vom Anrücken der Zweiten Armee eingetroffen. „Der Kronprinz kommt!" rief eine Gruppe der im Walde kämpfenden Preußen — von zusammenhängenden größeren Verbänden war schon längst keine Rede mehr — der andern zu. Neue Hoffnung, neuer Mut belebte die heldenhaften Streiter! Um diese Zeit besaßen König Wilhelm und sein Hauptquartier noch keine Nachricht, daß der Kronprinz so nahe sei. Mit steigender Besorgnis verfolgte der greise Monarch den Stand der Dinge im Hola-wald vor ihm und aus der Ferne das Gefecht im Swiep-wald. Er schickte einen seiner Adjutanten zu Fransecky mit der Frage, wie es bei ihm stände. „Sagen Sie Seiner Majestät, die Division leide schwer, aber sie halte fest!" lautete die Antwort.

Immerhin mußten die abgematteten und zusammengeschmol-zenen Verteidiger bei dem Angriff der Brigaden Württemberg und Saffran vom Ostsaum her, dem noch ein Jägerbataillon vom IV. Korps folgte, den größten Teil des Waldes preis-geben. Am Südrande hielten sich noch einige Schützenschwärme, einzelne Gruppen feuerten hier und da im Innern weiter; mit letzter Kraft wurde auch die Nordbastion festgehalten, gegen die österreichische Jäger von Horschenowes aus selbständig einen Angriff versuchten. Dort reitet Fransecky selbst und ruft den Soldaten zu: „Haltet aus, Leute, haltet aus! Der Kronprinz kommt! — Hier müssen wir stehen und sterben!" Das sind die Worte eines Helden; es fehlte aber auch nicht an Helden im schlichten Kommißrock. Es sei nur an jenen Tambour Nolte erinnert, der, nachdem ihm der zerschmetterte Unterschenkel notdürftig verbunden ist, sitzend den Sturmmarsch schlägt und den Kameraden zuruft: „Nur vorwärts! wenn ich auch nicht mitkann, so sollt ihr doch meine Trommel hören!"

Als nun aber von Süden her noch die letzte Brigade (Erzherzog Josef) des IV. Korps und von Osten drei Bataillone der Brigade Thom (II. Korps) zum Angriff in den Wald beordert wurden, da hätten ihn auch wohl die letzten Preußen räumen müssen, wären diese Streitkräfte wirklich noch in Aktion getreten. Während die Klänge der österreichischen Regimentskapellen bereits gleich Siegesfanfaren zu ihnen herüberschallen, gewahren die Verteidiger aber plötzlich, daß keine neuen Angreifer mehr auf sie losstürmen und daß die noch im Walde ihnen gegenüberstehenden Truppenteile von den Offizieren gesammelt und zurückgeführt werden. Wohl hören sie noch immer die österreichischen Kanonen donnern, aber sie schießen nicht mehr in den Wald, sondern feuern in nördlicher Richtung. Nun wissen sie es: jetzt greift der Kronprinz ein, wenn sie auch von der Zweiten Armee selbst noch nichts zu erblicken vermögen. Neuer Mut erfüllt die Herzen; die völlig durcheinander gekommenen Scharen der 27er und 67er, der 26er und 66er, der 4. Jäger und eines Bataillons der 72er bringen sofort wieder zum Waldsaum vor und nehmen dort Stellung, um alle Angriffe zurückzuweisen.

Fransecky und die Seinen haben sich im Swiepwald mit unsterblichem Ruhm bedeckt; gegen eine mehr als dreifache Zahl von Streitern und eine furchtbare Übermacht an Artillerie kämpfend, verloren sie 84 Offiziere und 2036 Mann, machten aber fast ebensoviele Gefangene. Mit um so höherem Stolze konnten sie auf ihre Leistungen zurückschauen, als ein österreichischer Bericht mit Recht hervorhebt: „Wer je Zeuge der furchtbaren Wirkungen des Schnelladegewehrs war und unsere Truppen in immer neuem Ansturm sich todesmutig hinopfern sah, wird ihnen seine Bewunderung nicht versagen können und wohl auch zugestehen, daß das kaiserliche Heer an diesem Tage noch tapferer Taten fähig war."

Auf dem äußersten rechten Flügel der Preußen hatte auch die Elbarmee unter dem General der Infanterie Herwarth v. Bittenfeld alle Kräfte eingesetzt, um rechtzeitig zur Bistritz

zu gelangen und das preußische Zentrum durch den ihr über=
tragenen Angriff des österreichischen linken Flügels zu entlasten.
In drei Kolonnen erfolgte ihr Anmarsch: auf dem rechten
Flügel die 15. Division (Generalleutnant Freiherr v. Canstein)
über Neu=Bydschow, in der Mitte als Avantgarde (General
v. Schöler) die 31. Brigade vom VIII. Korps, die 16. Division
(Generalleutnant v. Etzel) und dahinter die Reserveartillerie
über Smidar und Kobilitz; auf dem linken Flügel die 14. Division
(Generalleutnant Graf zu Münster=Meinhövel) auf Lobin.

Der Marsch war auch hier infolge der grundlosen Wege
sehr schwierig, und es wurde ¹/₂8 Uhr, bevor die Avantgarde
aus dem Walde östlich von Kobilitz heraustrat. Batterie Pilgrim
eröffnet das Feuer; die 28er gehen gegen Nechanitz, die 17er
gegen Lubno und die 33er gegen Kuntschitz vor. Die Orte
werden genommen; die flinken rheinischen Jungen vom 28. Regi=
ment löschen mit Wasser, das sie in Kochkesseln heranschleppen,
im feindlichen Feuer den Brand der von den Sachsen vor
dem Abzug angezündeten Brücke bei Nechanitz und ersetzen den
fortgeschleppten Belag durch ausgehobene Hoftore. Später wurde
dieser Übergang durch Pioniere sachgemäß wieder hergestellt;
im übrigen beging man auch hier den gleichen Fehler, wie im
Zentrum. Obwohl nur diese eine für alle Waffen passierbare
Brücke vorhanden war, unterließ man es dennoch, weitere
Übergänge herstellen zu lassen. Drei Divisionen, die Reserve=
artillerie und später die Kavalleriedivision Alvensleben mußten
also sämtlich das 700—1000 Meter lange Defilee von Nechanitz
passieren, wodurch — da eine Division für das Durchschreiten
einer Enge ungefähr anderthalb Stunden braucht — viel kost=
bare Zeit verloren ging. Gegen 9 Uhr befand sich die ganze
Avantgarde auf dem östlichen Bistritzufer, während die sächsischen
Truppen sich vor ihnen fechtend auf die rückwärtigen Höhen=
stellungen Problus — Prschim zurückzogen. Kronprinz Albert hatte
am 2. Juli dem Oberkommando vorgeschlagen, Nechanitz und die
Stellung bei Schloß Hradek nachdrücklich zu verteidigen, was
Krismanič jedoch abwies; wäre dies geschehen, so würde die
Elbarmee im Anfang hier eine härtere Aufgabe zu lösen be=
kommen haben. Die sächsische Stellung trennte die Elbarmee
von der Ersten. Um 10 Uhr begann die 15. Division den Über=

gang über die Bistritz, der nur langsam vor sich ging; inzwischen mußte die Vorhut allein den Angriff unternehmen, der aber abgewiesen wurde. Während vorn die preußische Artillerie verstärkt wurde, begann um 11¼ Uhr die Division Münster mit einem Teil der Reserveartillerie den Übergang; es wurde Mittag, bevor sie hinüber war.

Um diese Zeit erhielt General Herwarth, von dem der italienische General G. Govone „den Eindruck eines Biedermanns, der von seinem Generalstab geführt wird", bekam, Moltkes oben erwähnte Weisung. Angesichts der starken Stellung der Sachsen schien ein Angriff in der Front unter ihrem Artilleriefeuer höchst bedenklich und der Versuch einer Umfassung von beiden Seiten her durch je eine Division vorzuziehen. Die 15. Division (Canstein) sollte die linke Flanke über Hradek umgehen, die 14. (Münster) die rechte, und die nach dem Passieren der Brücke von Nechanitz eintreffenden Regimenter der letzteren wurden angewiesen, sich in der angegebenen Richtung der in der Front stehenden Brigade v. Schöler anzuschließen. Gegen Mittag beschloß Kronprinz Albert von Sachsen, dessen Bruder, der gegenwärtige König Georg, als Kommandeur der ersten sächsischen Reiterbrigade am Morgen das Vordringen der Preußen bei Nechanitz mit seinen 8 Schwadronen verzögert hatte, einen Vorstoß gegen die feindlicherseits geplante und von ihm rechtzeitig erkannte Umfassung zu unternehmen. Dieser Gedanke war zweifellos gut und hätte höchst wahrscheinlich auch günstigen Erfolg gehabt, wenn von vornherein genügende Streitkräfte mit allem Nachdruck eingesetzt worden wären. So aber wurde bloß die sächsische Leibbrigade zu diesem Offensivstoß über die sogenannte Fasanerie von Hradek vorgeschickt und die österreichische Brigade Schulz (VIII. Korps) ersucht, links von jener gegen den Wald von Ober-Prschim zu rücken. Auch durch Teile der Besatzung von Nieder-Prschim wurde dieser Angriff unterstützt, durch den die preußischen Bataillone 33 und 40, von denen auch 32 Mann in Gefangenschaft gerieten, zunächst zurückgedrängt wurden, bis ihn die plötzlich in der linken Flanke unvermutet auftauchenden 56er zum Stehen brachten. Kronprinz Albert wollte jedoch nicht ablassen, sondern mit verstärkten Kräften einen neuen Vorstoß gegen die Mitte des

Halbkreises, den die Preußen bildeten, führen. Er schickte seine 2. Brigade vom rechten Flügel nach und forderte das österreichische VIII. Korps auf, die Brigade Schulz durch die Brigade Roth zu unterstützen, während General Edelsheim mit seiner durch die 2. sächsische Reiterbrigade verstärkten Division gegen die äußerste rechte Flanke der Preußen über Techlowitz— Radikowitz vorging.

Die ersten preußischen Abteilungen wurden zurückgeworfen; die Sachsen nahmen in machtvollem Ansturm das der Höhe von Prschim vorliegende Wäldchen mit der Fasanerie. Dann aber führten die rheinländischen Regimenter Nr. 65 und 68 ihren Gegenstoß, den die Truppen des österreichischen VIII. Korps nicht auszuhalten vermochten. Sie verloren viele Gefangene und brachten durch ihr Zurückfluten auch in die Reihen der Sachsen Verwirrung. General Canstein bringt energisch nach; Ober=Prschim, wo der schon vorher verwundete General Schulz fällt, wird nach hartnäckigem Widerstande den Österreichern entrissen und auch Nieder=Prschim, das die Sachsen nicht minder tapfer verteidigten, genommen. Die Austrosachsen zogen sich auf die Höhe von Problus in ihre Hauptstellung zurück; ihre Artillerie wehrte dem Nachdringen der Preußen. — — —

Als die an General Herwarth abgesandten beiden Generalstabsoffiziere nach dem Zentrum zurückritten, trafen sie unterwegs das bei Sucha haltende Kavalleriekorps der Ersten Armee. Sein Führer, Prinz Albrecht (Vater), der jüngste Bruder des Königs, war dem Prinzen Friedrich Karl untergeordnet; Oheim und Neffe unterhielten keine persönlichen Beziehungen. Doering und Bronsart hatten im Stabe der Elbarmee vernommen, daß man gern noch mehr Kavallerie gehabt hätte, und teilten es dem Prinzen Albrecht mit. Dieser ließ daraufhin die 1. Division (Alvensleben) dorthin abrücken, wo sie zunächst gar keine Verwendung finden konnte; es lief das sowohl den Absichten Moltkes, wie denen des Prinzen Friedrich Karl zuwider und machte eine spätere einheitliche Verwendung des bis dahin mit vieler Mühe zusammengehaltenen Kavalleriekorps unmöglich. Friedrich Karl ließ darauf die 2. Division (Hann v. Weyhern) nach Sadowa in seine Nähe beordern.

Inzwischen geriet das preußische Zentrum immer mehr

in eine recht bedenkliche Lage. Man hatte zwar kurz vor Mittag die Nachricht vom Anrücken des Kronprinzen bekommen, es sollte jedoch noch zwei Stunden dauern, bis das Eingreifen der Zweiten Armee tatsächlich bemerkbar wurde, und Wellington kann auf der Höhe von Waterloo nicht sehnlicher die Ankunft Blüchers erharrt haben, wie König Wilhelm auf dem Roskoschberge die seines Sohnes. Je musterhafter der gesamte Heeresmechanismus preußischerseits im allgemeinen arbeitete, je prompter der Generalstabsdienst eingerichtet war, so daß die Befehlserteilung und Befehlsübermittlung schnell und pünktlich erfolgte, um so unverständlicher erscheint es, daß am Vormittag des 3. Juli nicht für eine fortlaufende Verbindung zwischen der Ersten und Zweiten Armee gesorgt war. Man muß Friedjung unbedingt beipflichten, wenn er sagt: „Das Hauptquartier des Königs mit dem des Prinzen Friedrich Karl zählte mehr als 200 Reiter; die zahlreichen Offiziere hätten für diesen Zweck verwendet werden können. Wenn infolge dieser mangelhaften Verbindung die Schlacht eine üble Wendung genommen hätte, so wäre dem preußischen Generalstab der Tadel über dieses Versäumnis nicht erspart worden." Tatsache ist, daß man auf dem Roskoschberge in großer Sorge war. Sowohl beim Kronprinzen und bei General Mutius auf ihrem Vormarsch wie bei General Herwarth trafen Nachrichten ein, die dartaten, daß der König den Stand der Dinge ungünstig auffasse. Als er den Generaladjutanten v. Boyen der Zweiten Armee entgegenschickte, sagte er erregt zu ihm: „Schaffen Sie mir ein Armeekorps vom Kronprinzen; es ist die höchste Gefahr im Verzuge." Zu seiner Umgebung sprach er wiederholt von der Ähnlichkeit der Lage mit der Schlacht von Auerstädt und erwog sogar schon die Möglichkeit eines Rückzugs für das Zentrum. Auch unter den an der Bistritz stehenden Truppen machte sich während dieser kritischen Stunden vielfach das Gefühl geltend, die Schlacht sei — wenigstens für diesen Teil der preußischen Stellung — verloren.

Moltke freilich glaubte unerschütterlich an den Sieg. Er hatte dem König am Vormittag gesagt: „Eure Majestät gewinnen heute nicht nur die Schlacht, sondern den Feldzug," und daran zweifelte er keinen Augenblick. Sein

scharfgeschnittenes, bartloses Gelehrtengesicht, auf das sich immer
wieder aller Blicke richteten, ließ keine Spur von Besorgnis
gewahren. Selbst der eiserne Bismarck, der in der Uniform
des 7. schweren Landwehr=Reiterregiments im Gefolge des
Königs hielt, fühlte sich von Unruhe ergriffen; stand er doch
vor der schwersten Entscheidung seines Lebens. In seinem
Kopfe war ja der Plan gereift, Österreich mit Gewalt aus
Deutschland hinauszudrängen, seit es für ihn feststand, daß
dieses nicht gewillt sei, seiner aus der Geschichte von Jahr=
hunderten hervorgegangenen und durch Verträge geheiligten Stel=
lung zu Gunsten des aufstrebenden norddeutschen Nebenbuhlers
zu entsagen und „seinen Schwerpunkt nach Osen zu verlegen".
So hatte er die „Revolution von oben" herbeigeführt und den
Krieg mit Österreich durchgesetzt, weil er überzeugt war, die
Frage der preußisch=österreichischen Rivalität könne nur auf dem
Schlachtfeld gelöst werden. Mühe genug hatte es ihn gekostet,
den König bei dessen alter Anhänglichkeit an Österreich „über
den Graben zu bringen", wobei Bismarck die Mitglieder der
königlichen Familie, fast die ganze Umgebung des Monarchen
und den größten Teil des Volkes gegen sich hatte. Wohl
durfte Oberst v. Steinäcker, Flügeladjutant des Königs, am
Abend von Königgrätz in seiner drastischen Art zu ihm sagen:
„Wenn der Grenadier Sie nicht herausriß, hätten die alten
Weiber Sie zu Hause mit Besen totgeschlagen!" — In jener
Mittagsstunde an der Bistritz nun ritt er an Moltke heran,
der regungslos im Sattel saß und schweigend die Schlacht
beobachtete. Bismarck hotte seine Zigarrentasche heraus, in
der nur noch zwei Stück waren: eine gute eigene und eine
Kriegslieferungszigarre und hielt sie Moltke hin. Dieser fand
mit feinem gewohnten Scharfblick die bessere Zigarre heraus
und zündete sie an. Das genügte dem Ministerpräsidenten;
befriedigt wendete er sein Pferd um und ritt wieder zurück:
wenn Moltke mit solcher Seelenruhe die beste Zigarre zu finden
wußte, konnte es um die Schlacht nicht schlecht stehen.

Es trat jedoch deutlich zu Tage, daß den jenseits der
Bistritz kämpfenden Truppen der Atem auszugehen begann.
Erst kleinere, dann größere Infanterieabteilungen sah man über
den Bach zurückfluten; es war ja auch eine furchtbare Aufgabe,

stundenlang untätig in dem verheerenden Geschützfeuer ausharren zu müssen. In einer größeren Infanterieabteilung, die
bis zum Roskoschberge zurückging, stellte der König durch per-
sönliches Eingreifen die Ordnung wieder her, wobei der sonst
so gütige Herrscher den verwundeten Regimentskommandeur und
die Offiziere hart anließ. Einzelne Kompagnien versuchten, sich
durch Vorbrechen aus dem Holawalde gegen die feindliche Stellung, insbesondere gegen die beiden Batterien Groeben und
Maistrelli am Eingang von Lipa, sich dieser marternden Un-
tätigkeit zu entziehen, wurden jedoch blutig zurückgewiesen.
Österreicherseits erging es später dem Regiment Heß Nr. 49
nicht besser, das, von Ungeduld erfaßt, bis an den Raub des
Holawaldes vorstürmte; es mußte mit großen Verlusten weichen.
Sein Oberst v. Binder fiel; preußischerseits Oberst v. Wietersheim. Trotz allem wollte Prinz Friedrich Karl jedoch unter
keinen Umständen die Stellung jenseits der Bistritz aufgeben und
so entschloß er sich gegen 1 Uhr, die gesamte Infanteriereserve,
sein brandenburgisches Korps (III.), hinübergehen zu lassen, so
daß sich mithin diesseits nur noch die Artillerie- und Kavallerie-
reserve befanden. Seine Absicht war aber nicht, bloß die
jenseitige Stellung durch die 5. und 6. Division zu verstärken,
sondern diese sollten die vorliegenden Höhen erstürmen — ein
aussichtsloses Unternehmen! Zum Glück kam in diesem Augenblick (1,¹/₂ Uhr) Moltke zurück, der mit einigen Offizieren seines
Stabes über Sadowa vorgeritten war, um drüben Ausschau
zu halten. Kaum erfuhr er, daß Prinz Friedrich Karl dem
General v. Manstein den Befehl erteilt habe, die feindliche
Stellung vor seiner Front zu nehmen, als er — der König
war augenblicklich nicht anwesend — ungesäumt den Major
Graf Wartensleben mit einem Gegenbefehl abschickte. General
v. Manstein erklärte jedoch, nur einem Befehl des Königs oder
des Prinzen gehorchen zu dürfen, und meinte auf Wartens-
lebens Ausführungen, es handle sich hier in der Front nur
um das Festhalten der Österreicher bis zum Eingreifen des
Kronprinzen: „Das ist alles sehr richtig; wer ist aber der
General Moltke?“ Die charakteristische Antwort beweist, daß
Moltke bei den Generalen damals noch kein allgemeines Vertrauen genoß, wie er ja bis zum Kriege auch für die weiteren

Kreise des Volkes und die Masse des Heeres nur der „große Unbekannte" war. Er hatte Widerspruch und Gegnerschaft genug in den Hauptquartieren zu überwinden, allein er war auch der Mann dazu, sich durchzusetzen. General v. Manstein ließ sich übrigens doch veranlassen, noch kurze Zeit zu warten; Wartensleben fand den Prinzen glücklicherweise in Sadowa und erwirkte nach kurzem Vortrag seine Genehmigung. Unmittelbar vor diesem Zwischenfall hatte Moltke die erste Nachricht vom Eingreifen des Kronprinzen erhalten, das sich notwendigerweise auch bald in der gegen Sadowa gerichteten Front der Kaiserlichen geltend machen mußte. Es war hohe Zeit dazu, denn ein Gefühl der Unsicherheit machte sich nicht nur unter den Mannschaften bemerkbar. General v. Schmidt, dessen II. Korps der Division Fransecky zunächst stand, ließ eine Anzahl Batterien und ebenso fünf Bataillone, die besonders stark im Granatfeuer litten, auf das westliche Bistritzufer zurückgehen.

In diesem kritischen Augenblick machten sich die ersten Anzeichen vom Erscheinen der Zweiten Armee bemerkbar. „Schon früher," berichtet Graf Wartensleben, „waren mehrfach die Fernrohre auf den durch eine Baumreihe sich kennzeichnenden Höhenrücken zwischen Chlum und der Anmarschseite der Zweiten Armee gerichtet gewesen, jene Bäume sogar irrtümlich für Kolonnenspitzen gehalten worden. Jetzt aber erkannten wir deutlich am diesseitigen Hange jenes Rückens langgestreckte Massen, welche sich in der Richtung auf Chlum, diesen höchstgelegenen, weithin sichtbaren Punkt der feindlichen Stellung, vorbewegten. — Konnte noch ein Zweifel sein, so wurde er demnächst gehoben: Chlum ging in Flammen auf, und die aus jener Gegend bisher in unserer Richtung feuernden Batterien begannen ihre Blitze gegen Osten zu senden. In der ganzen Front wurde das feindliche Feuer schwächer, verstummte dann ganz." Der Generalstabschef der Ersten Armee, General v. Voigts-Rhetz, der einen Erkundungsritt unternommen hatte, kam herangesprengt und bestätigte jene Wahrnehmungen durch die frohe Botschaft: „Der Kronprinz ist schon seit 12 Uhr auf die rechte Flanke der Österreicher gestoßen und bedrängt sie mit aller Macht!" Nun erst stimmte Moltkes Rechnung.

Höhe von Horsche-nowes. Blick auf den Swiepwald.
Skizze von L. Burger.

„An die Gewehre!" hieß es auch bei der Zweiten Armee am Morgen des 3. Juli. Sie befand sich in der Nacht vom 2. zum 3. in einer Stellung, deren Front die Linie Grablitz (V. und VI. Korps) — Königinhof (Hauptquartier und 1. Garde-division) — Prausnitz (I. Korps) bezeichnete. In zweiter Linie standen die 2. Gardedivision bei Rettendorf und die Kavallerie-division Hartmann bei Neustadt. Der Kronprinz befehligte rund 97000 Streitbare, von deren rechtzeitigem Eingreifen der Ausgang der Schlacht abhing; bis zum Gefechtsfelde waren etwa 21 km zurückzulegen.

Obwohl man im kronprinzlichen Hauptquartier nicht daran glaubte, daß Benedek es vorwärts der Elbe zur Schlacht kommen lassen werde, wurden sofort nach Empfang des durch den Grafen Finckenstein überbrachten Armeebefehls die erforder-lichen Anweisungen gegeben, um mit drei Korps in der Front und einem in der Reserve die ganze Armee auf dem rechten (südlichen) Elbufer zu vereinigen. Auf diesem standen, als die Schlacht an der Bistritz bereits entbrannt war, von den kron-prinzlichen Truppen nur das durch Abkommandierungen ge-schwächte VI. Armeekorps, die Avantgarde der Garde und das I. Korps.

Um ½6 Uhr sprengten die Adjutanten aus dem Haupt-quartier nach allen Richtungen mit den Marschbefehlen, die ein konzentrisches Vorrücken in der Richtung auf Horschenowes anorbneten. Das Gardekorps wurde auf Jeritschek und Lhota dirigiert, das I. nebst der Kavalleriedivision Hartmann auf Groß-Bürglitz und das VI. auf Welchow, von wo es eine Abteilung zum Beobachten der Festung Josephstadt aufzustellen hatte. Das V. Korps sollte als Armeereserve nach Chotieborek rücken.

Mit der Avantgarde der 1. Gardedivision lagerte der schneidige General v. Alvensleben am meisten vorwärts bei Daubrawitz, wo er Franseckys Aufforderung erhielt, zu seiner Unterstützung heranzukommen. Sofort (um 8½ Uhr) befahl er auf eigene Verantwortung den Aufbruch und ließ dem Kronprinzen Meldung davon machen, wie er auch Fransecky Nachricht sandte. Das Gros der 1. Gardedivision (Generalleutnant Freiherr Hiller v. Gärtringen) trat um 7 Uhr den Vormarsch an; sein Weg war ungemein beschwerlich, doch erreichten die Spitzen bereits um 11 Uhr Chotieborek. Die 2. Gardedivision (Oberst v. Pritzelwitz) folgte. Beim VI. Korps war die 12. Division (General v. Prondzynski), die den äußersten linken Flügel der Armee bildete, bereits um 6½ Uhr abmarschiert; sie wollte infolge des Tags zuvor erhaltenen Befehls gegen Josephstadt erkundend vorrücken, bekam unterwegs die neuen Weisungen und erreichte um 11 Uhr den Höhenzug von Habrinka, nordöstlich von Ratschitz, gerade den empfindlichsten Punkt der kaiserlichen Stellung. Um dieselbe Zeit stand die 11. Division (Generalleutnant v. Zastrow) westlich des in die Trotina fließenden Trotinkabaches auf der Höhe dicht vor Ratschitz; das Korps war mithin vereinigt. Das I. Korps hatte am frühesten den Armeebefehl erhalten, worin dem General v. Bonin anheimgestellt wurde, den Umständen entsprechend selbständig zu verfahren. Trotzdem setzte er seine Truppen erst nach 9 Uhr in Bewegung, die dann um 11 Uhr Großbürglitz erreichten; sie hätten recht gut schon 3 Stunden vorher in die Schlacht eingreifen und den Kampf der Division Fransecky erleichtern können. Wäre es irgend möglich gewesen, so hätte Bonin, der seine Karriere größtenteils auf dem Parkett des Hofes gemacht hatte, auch hier wie bei Trautenau den Dingen eine üble Wendung gegeben. Die hinter ihm marschierende Kavalleriedivision Hartmann langte erst abends nach beendeter Schlacht auf dem Gefechtsfelde an.

Immerhin war um 11 Uhr die vorher über 30 Kilometer ausgedehnte Zweite Armee auf eine kaum 6 Kilometer messende Front zusammengerückt und zum Eingreifen bereit. Die Truppen hörten unterwegs den Kanonendonner immer deutlicher herüberschallen und beschleunigten infolgedessen ihren Vormarsch trotz der vom Regen tiefdurchweichten Wege und des schlüpfrigen Lehmbodens, daß das kurz vorher aufgekommene geflügelte Wort von der „affenähnlichen Beweglichkeit" der Preußen neue Bekräftigung fand. Je stärker die Kanonade wurde, desto eifriger dräugte alles mit Anspannung der äußersten Kräfte vorwärts. „Gott gebe, daß wir noch zur Zeit kommen!" war der einmütige Gedanke, der die Kolonnen beseelte.

Kronprinz Friedrich Wilhelm ließ bei Königinhof, wo die Reserveartillerie der Garde zwischen ihre beiden Divisionen eingeschoben wurde, einen Teil der Truppen an sich vorbeimarschieren. Dann eilte er mit seinem Stabe in beschleunigter Gangart vorwärts, um an die Spitze zu gelangen. Er ritt über die Elbebrücke und dann die große Straße entlang, die jenseits zu den Daubrawitzer Höhen emporführt. Unterwegs rief er den Truppen ermunternde Worte zu, und wo der damals in blühendster Manneskraft stehende Führer sich zeigte, folgten seiner reckenhaften Siegfriedgestalt mit dem blonden Vollbart und den blauen Augen bewundernd die Blicke der Soldaten und Offiziere. Als er um $11^1/_4$ Uhr mit den Spitzen der Garde auf der Höhe von Chotieborek eintraf, wo sich ein weiter Überblick eröffnete, konnte man an dem Pulverdampf, dem Aufblitzen der Geschütze und dem Rauch der brennenden Dörfer die Ausdehnung des Schlachtfeldes bemessen. Dieser Höhe — wo der Kronprinz bis um $^1/_2 2$ verweilte — war eine fast eine halbe Meile breite Mulde vorgelagert, durch die sich die von sumpfigen Ufern eingefaßte Trotina schlängelte. Jenseits erhob sich wie ein festungsähnlicher Wall der Höhenzug von Horschenowes, wo der österreichische rechte Flügel stehen mußte. Unten im Südwesten tobte der Kampf um den Swiepwald; es kamen Meldungen, daß Fransecky schwer gegen große Überlegenheit ränge und bei der Garde bringend um Unterstützung gebeten habe. General v. Blumenthal übersah die Stellung der Österreicher und sagte zum Kronprinzen: „Königliche Hoheit, ich gratuliere zu der Schlacht, die Sie heute gewinnen werden." Man sah deutlich, daß das Vorrücken der Zweiten Armee in die Flanke des gegen die Erste kämpfenden Gegners führen mußte, und im Stabe besprach man die Ähnlichkeit der Lage mit dem Eingreifen der Preußen in der Schlacht von Waterloo, das freilich erst gegen Abend stattfand. „Es kam für uns nun alles darauf an," berichtet Blumenthal, „so bald wie möglich in die Schlacht einzugreifen und den Feind durch vehementen Angriff in der rechten Flanke und Bedrohung seines Rückzuges zum Weichen zu bringen. Es wurden sofort Befehle zur Beschleunigung des Marsches gegeben. Ein weit in die Gegend hinschauender einzelner großer Baum*, etwa 400 Schritte südöstlich Horschenowes, eine wahre Landmarke, wurde als point de vue genommen, die Garde rechts, das VI. Armeekorps links davon dirigiert; das I. Armeekorps, welches leider noch weit zurück war, sollte die Lücke zwischen beiden Armeen ausfüllen, und das V. Armeekorps als Reserve dem Gardekorps auf dem Fuße folgen. — — Es ging jetzt mit zwei Armeekorps unaufhaltsam vorwärts, und nun wogte die Schlacht von Königgrätz bis Sadowa."

Während das VI. Korps längs der Trotina vorrückte, um womöglich den Österreichern den Rückzug über die Elbe zu verlegen, wurde der 1. Gardedivision die Lindenhöhe als Ziel angewiesen. Ihre Truppen lenkten beim Durchschreiten der Mulde das Feuer der österreichischen Batterien, die bisher den Swiepwald mit Geschossen überschüttet hatten, auf sich. Zunächst feuerte eine Batterie, die unmittelbar neben den Linden abgeprotzt hatte, und der sich bald andere zugesellten. Während die preußische Artillerie dagegen auffuhr, erwartete man im Stabe des Kronprinzen jeden Augenblick, drüben auch Infanteriemassen auftauchen zu sehen; jene starke Stellung mußte doch mindestens von ein oder zwei Armeekorps besetzt sein! Daß sie tatsächlich fast leer war, konnte niemand vorhersehen.

Zur Erklärung dieses für die österreichische Armee verhängnisvollen Umstandes müssen wir zu ihrem Oberbefehlshaber

---

* Erst beim Näherkommen erkannte man, daß es vielmehr zwei prachtvolle Linden waren, die ein zwischen ihnen stehendes riesiges Kruzifix beschatteten.

auf der Höhe bei Lipa zurückkehren. Bis zur Mittagsstunde durfte er bei der immer ungünstiger werdenden Gefechtslage im preußischen Zentrum und dem langsamen Vorrücken der Elbarmee wohl hoffen, sein „altes Soldatenglück", von dem er gern sprach, werde ihm noch einmal treu bleiben. Um den geplanten Offensivstoß gegen Friedrich Karl auszuführen, hatte er die Reserven vorrücken lassen; dann erfüllte es ihn aber doch mit Besorgnis, daß sich die beiden rechten Flügelkorps gegen seinen Willen mit der Front nach Westen, statt nach Norden in den Kampf gegen die Erste Armee hatten hineinziehen lassen. Er schwankte hin und her, gab Befehle und widerrief sie — das Verkehrteste, was eine leitende Persönlichkeit und zumal ein Feldherr in der Schlacht tun kann. Um $\frac{1}{2}12$ Uhr bekam er ein Telegramm aus Josephstadt mit der Meldung, es zögen Kolonnen vom preußischen V. Korps an der Festung vorüber, offenbar gegen die rechte Flanke der Nordarmee. Nun mußte auf dem rechten Flügel freilich Ernst gemacht werden. Der Gedanke, eine starke Kavalleriemasse mit reitender Artillerie dem Kronprinzen weit entgegenzusenden, um dessen Anmarsch zu hindern und unter allen Umständen genau zu beobachten, scheint Benedek überhaupt nicht gekommen zu sein. Als man ihn jetzt wiederholt anging, seine Reserven auf die Höhen von Horschenowes der Zweiten Armee entgegenrücken zu lassen, während sein II. und IV. Korps den Kampf im Swiepwald gegen die kaum noch widerstandsfähige 7. Division beendeten, wollte er auch davon nichts wissen. Wiederholt schickte er vielmehr den beiden letzteren Korps endlich strengen Befehl, sofort das Waldgefecht abzubrechen und sich auf die Schanzenlinie zwischen Chlum, Nedielischt und Sendraschitz zurückzuziehen, um den Kronprinzen aufzuhalten. Seine Reserven — in runder Summe 47 000 Gewehre und 11 400 Säbel — sparte Benedek immer noch auf — so lange, bis es überhaupt zu spät war.

Auch jetzt wollte Feldmarschalleutnant v. Mollinary noch nicht von seiner Überzeugung ablassen, die Schlacht sei nur zu gewinnen, wenn man das preußische Zentrum vom rechten Flügel, dem Swiepwalde her, aufrolle. Persönlich sprengt er zu Benedek hin und erhebt Gegenvorstellungen. Erst als dieser seinen Befehl mit Nachdruck aufrecht erhält, kehrt er zu seinen

Truppen zurück und läßt sie anweisen, in die Stellung östlich von Chlum abzurücken. Ganz ähnlich macht es Graf Thun, dem befohlen worden war, schleunigst einen „Defensivhaken" zur Sicherung der Zugänge nach den Elbebrücken zu bilden. Obwohl er beizeiten Meldungen vom Anrücken des Kronprinzen erhalten hatte, nahm er seine Bataillone doch erst aus dem Swiepwald, als bereits die Batterien der Zweiten Armee seinen abziehenden Brigaden in die linke Flanke schossen. In diese Marschbewegungen des II. und IV. Korps, die erst zwischen 12 und 1 Uhr sich endlich vollzogen, fiel bereits der preußische Angriff, der daher zunächst keinem nachhaltigen Widerstande begegnete. Er fand den Eingang zum Schlachtfelde weit offenstehend. Von der Lindenhöhe mußte die österreichische Artillerie, die keine Infanteriedeckung hatte, weichen, als die Plänkler von der Garde gegen 1 Uhr anrückten; in ihre Stellung gingen sofort die preußischen Geschütze vor.

Während ein Teil der Avantgarde des Gardekorps unter Oberst v. Pape alsbald rechts ausbog, um auf Benatek zur Unterstützung der 7. Division loszugehen, rückte der Rest auf das von Roßbach=Infanterie besetzte Horschenowes mit seinem stattlichen Schloß und nahm den Ort. Durch die Fasanerie vorgehend, erreichten die vordersten Gardetruppen hierauf die Höhe südöstlich des Dorfes und Maslowied, dessen Besatzung schleunigst abzog. Als General v. Hiller oben auf der Höhe anlangte, sah er noch die in östlicher Richtung über Maslowied nach dem etwa eine Wegstunde entfernten Nedielisch abrückenden Truppen des II. österreichischen Korps, von dem aber noch 10 Bataillone im Swiepwalde steckten. Den Schluß bildete das III. Bataillon vom Regiment Sachsen=Weimar, gegen das Oberstleutnant Heinichen von der kombinierten Kavalleriebrigade Graf Bismarck mit drei Schwadronen der 2. Dragoner eine Attacke unternahm, die aber blutig abgewiesen wurde; er selbst fiel. Auch die übrigen Versuche der Brigade, in den Kampf einzugreifen, hatten kein Glück.

Links von der Garde blieb das VI. Korps gleichfalls im Vorrücken. Das I. Bataillon des Niederschlesischen Regiments Nr. 50 nahm Ratschitz; Abteilungen beider Divisionen stürmten Sendraschitz, auf dessen Höhen die Artillerie Stellung nahm.

In dem tiefgelegenen Dorfe bekamen es die Preußen mit ganz unerwarteten Gegnern zu tun. Granaten waren in verschiedene Bienenstände des Ortes eingeschlagen, und die dadurch gereizten Tiere warfen sich wütend auf die Eindringlinge, die sich ihrer kaum erwehren konnten. Gegen 2 Uhr hatten die drei vordersten preußischen Divisionen bereits die Linie Maslowied—Sendraschitz—Trotina erreicht, auf deren Verteidigung Benedeks Schlachtplan allerdings von vornherein verzichtet hatte.

Alle diese Vorgänge waren durch die Gestaltung des Geländes den Blicken des österreichischen Generalissimus bei Chlum entzogen geblieben. Daß er die Idee einer Offensive gegen Friedrich Karl immer noch nicht aufgegeben hatte, bekundete er durch die Äußerung zu seiner Umgebung: „Niemand soll auch nur über eine einzige Batterie verfügen; ich werde sie alle sogleich brauchen!" Dann schien es ihm doch nötig, von der Reserve das Korps Ramming zur Deckung des rechten Flügels vorzusenden; als aber der Korpskommandant ihm vorstellen ließ, es sei doch viel mehr Erfolg verheißend, wenn seine Streitmacht gegen das Zentrum losbräche — eine Meinung und ein Wunsch, worin auch Gablenz und Erzherzog Ernst mit ihm übereinstimmten — wurde er wiederum wankend. Sowohl Baumgarten, wie Henikstein und Krismanić rieten von einer Offensive gegen das Zentrum wenigstens vorläufig ab, und nun erhielt Ramming die Weisung, in der Reservestellung bei Rosberschitz und Wschestar stehen zu bleiben. Und nochmals sagte Benedek zu den Offizieren seines Stabes: „Jetzt ist es Zeit, den Stoß auszuführen," oder nach anderer Lesart in fragender Form: „Na, lassen wir's los?" womit in beiden Fällen ein Losgehen der Reserven auf Friedrich Karl gemeint war. Man gab ihm zu bedenken, es sei doch besser, zu warten, bis sich der Nebel und Pulverqualm aus dem Tale verzogen hätte, worauf er mit einem unwilligen: „Nun meinetwegen," nachgab. Und dann brach die Katastrophe herein.

Ein Lieblingswort des ersten Napoleon war: „Il faut que les destinées s'accomplissent," und viel rascher, als Benedek ahnte, sollte sich sein und seines Heeres Geschick erfüllen. Auf dem preußischen linken Flügel, wo das vorrückende

VI. Korps auf die Streitkräfte des II. österreichischen stieß, von denen — abgesehen von der Reiterdivision des Prinzen Thurn und Taxis — anderthalb Brigaden noch unberührt waren, mußte man eines hartnäckigen Widerstandes gewärtig sein; Graf Thun aber schien keinen höheren Ehrgeiz zu kennen, als den, seine Kolonnen möglichst bald und wohlbehalten über die Elbe in Sicherheit zu bringen. Von der 12. Division, die infolge zahlreicher Abkommandierungen kaum eine Brigade stark war, besetzten die 22er und 23er Trotina und drangen dann in südlicher Richtung nach der Elbe vor, wobei sich ein Kampf um den lang ausgedehnten Ort Lochenitz entspann. Von Anfang an war auf dem äußersten rechten Flügel der Österreicher die Brigade Henriquez stehen geblieben, die mit den Preußen Schulter an Schulter in Schleswig-Holstein ge- fochten und sich den Ehrennamen der „schwarzgelben Brigade" erworben hatte. Sie wurde, obwohl die Leute vor Kampfes- lust brannten, schon um 2¹/₂ Uhr auf der Brücke bei Lochenitz über die Elbe zurückgenommen. Die 50er der 11. Division rückten von Sendraschitz auf das südwestlich gelegene Nedielischt vor und nahmen den Ort; ihr rechter Flügel gelangte, durch das hohe Getreide gedeckt, überraschend an die feindliche Ge- schützlinie heran und eroberte 13 Kanonen. Während die Division Thurn und Taxis den Rückzug deckte, zogen die übrigen Teile des II. Korps bis um 3 Uhr über die Brücken bei Placka und Predmerschitz ab. Damit waren 25 000 Öster- reicher vom Schlachtfelde verschwunden, und dem VI. Korps stand nunmehr der Weg direkt in die österreichische Rückzugs- linie offen.

Die Entscheidung zu bringen, war jedoch der preußischen Garde vorbehalten, deren unvergleichlicher Siegeszug von Horschenowes aus seinesgleichen in der Kriegsgeschichte sucht. Chlum selbst wurde von der Brigade Appiano vom III. Korps be- setzt gehalten; zwischen den Batterieschanzen I bis III, die man auf der Linie Chlum—Nedielischt errichtet hatte, und die jetzt mit Ge- schützen versehen waren, standen Teile des IV. Korps (Mollinary), zusammen drei Brigaden, während die vierte Cistowes immer noch besetzt hielt. Jedenfalls waren Truppen genug zur Stelle, um das Vorbrechen der 1. Gardedivision hemmen zu können. Von

dieser rückte, nachdem Maslowied ohne Schwierigkeit von einem
Zuge der Gardejäger genommen worden war, die Brigade
Obernitz auf der linken Seite vor, zwischen Schanze II und III

durchstoßend. Hier standen zunächst von der noch unberührten Brigade Erzherzog Joseph die Regimenter Schmerling Nr. 67 (Slovaken) und Steininger Nr. 68 (Ungarn), die schon nach den ersten Verlusten unter dem Eindruck der früheren Niederlagen den Widerstand aufgaben und flohen; das Gleiche geschah seitens der weiter rückwärts befindlichen Brigade Brandenstein, in der das überraschende Auftauchen der Preußen eine Panik hervorrief. Die Artilleristen in den Schanzen sehen sich im Stich gelassen; sie feuern tapfer bis zum letzten Augenblick mit Kartätschen, in der Absicht, dann rasch aufzuprotzen und davonzujagen. Unter dem Geschoßhagel der Preußen fallen aber die Pferde; andern Geschützen wird der Hohlweg zwischen Chlum und Nedielischt zum Verhängnis — nicht weniger als 22 Kanonen werden die Beute der Garde. Da rasseln neue österreichische Batterien heran; es ist Oberstleutnant v. Hofbauer mit der Hälfte der Armeegeschützreserve (64 Kanonen), die Benedek bis jetzt zurückbehalten hatte. Bis dicht an die Schanzen heran jagen sie; da aber sieht Hofbauer, daß kein Zurufen die weichenden Bataillone zu halten vermag. Er muß zurück, will er seine Geschütze nicht preisgeben. Doch nur bis zur nächsten Höhe bei Sweti weichen die Batterien; dort nehmen sie von neuem Stellung, und auch einige Bataillone sammeln sich bei ihnen wieder. Die ganze Schanzenreihe östlich von Chlum war jedoch im Besitz der Preußen.

Rechts neben den Bataillonen des Obersten v. Obernitz drang die von General v. Hiller persönlich geführte Füsilierbrigade Kessel in einer Einsenkung, links vom Dorfe Maslowied, zwischen Schanze III und IV gegen Chlum vor. General Appiano, dessen Aufmerksamkeit noch immer der Kampf um den Swiepwald fesselte, obwohl er bereits von den bei Horschenowes stehenden Batterien der Zweiten Armee Feuer bekam, hatte sein Gros hinter dem Dorfe gedeckt aufgestellt, mit der Front nach Westen, statt nach Norden. Völlig überraschend wird das in und unmittelbar bei Chlum stehende III. Bataillon des Regiments Sachsen-Meiningen Nr. 46 (Ungarn) vom 1. Garderegiment zu Fuß und den Gardejägern überfallen, und ehe die Verteidiger noch recht zur Besinnung gelangt sind, ist ihnen das Dorf, der Schlüsselpunkt der österreichischen

Stellung, entrissen. Das südöstlich des Ortes an einem Hohl=
wege aufgestellte II. Bataillon wird mit vernichtendem Schnell=
feuer überschüttet und teils aufgerieben, teils gefangen ge=
nommen. Das weiter entfernte I. Bataillon rückt entschlossen
heran, allein ihm wird aus den Reihen des eigenen Heeres
Verderben gebracht. Beim Swiepwalde waren die 7. Husaren
mit der Brigade Fleischhacker durch die dort vordringenden
Garbetruppen abgeschnitten worden. Die Brigade zog durch
den Lipaer Wald ab; die Husaren aber stürmten mit einer
Batterie um Chlum herum und ritten dabei das Bataillon
nieder. Sie suchten Maslowied zu erreichen, das sie noch von
Kaiserlichen besetzt wähnten. Inzwischen war Kronprinz Friedrich
Wilhelm mit seinem Stabe weiter vorgeritten; er geriet einen
Augenblick in Gefahr, von den Husaren gefangen genommen
zu werden und mußte sich in ein Bataillon der heranrückenden
2. Gardedivision aufnehmen lassen.

Vergeblich sucht die in der Nähe befindliche Brigade Benedek Chlum wieder zu nehmen, wobei Oberst Benedek fällt. Um das Vorbrechen der Preußen aus dem Dorfe zu hindern und für zwei von den bereits anstürmenden Gardefüsilieren bedrohte Batterien des VIII. Korps Zeit zum Abfahren zu gewinnen, opfert sich Hauptmann von der Groeben mit seiner 8=Pfünderbatterie (III. Korps) westlich vom Orte. Blitzschnell läßt er die Front verkehren, bis auf 200 Schritt an das Dorf heranfahren und Kartätschen gegen die Schützen feuern, die sich nun gegen diese verwegene Batterie allein wenden. Seine Kanoniere bedienen ihre Geschütze bis zum letzten Atemzug, aber einer nach dem andern fällt. Der Hauptmann, ein Leutnant, 52 Mann und 64 Pferde liegen bereits auf dem Boden hingestreckt, da springt Führer Schunk vom Pferde, zieht die Zündschnur an einem noch geladenen Geschütz ab und schmettert so die letzten Kartätschen den Preußen entgegen; dann wirft er sich mit Leutnant Merkel* auf einen Munitionswagen. Glücklich entkamen so die beiden letzten Lebenden aus dieser berühmten „Batterie der Toten".

Immer weiter noch bringt die Infanterie der 1. Garde=division vor — bis an die Rückzugslinie Sadowa—Königgrätz. Sechs Schwadronen der am Südhange der Chlumer Höhe haltenden Kavalleriedivision Holstein versuchen sie aufzuhalten, werden aber dabei fast aufgerieben. Um drei Uhr fällt auch noch das Dorf Rosberschitz in die Hand der Garde — wie durch einen Keil ist nun das österreichische Zentrum mitten auseinandergespalten. Dies war nur möglich geworden durch den taktischen Zusammenbruch der österreichischen Infanterie, die durch den kühnen Angriff völlig überrascht wurde. Die Wendung erfolgte so rasch und war so ungeheuerlich, daß zu ihrer Erklärung der auch von Benedek in seiner Depesche an den Kaiser erwähnte „Nebel von Chlum" geltend gemacht wurde, der es den Preußen ermöglicht hätte, sich ungesehen zu nähern. Tatsächlich klärte sich jedoch um Mittag das Wetter auf, und gegen Abend brach sogar die Sonne durch. Immerhin war

---

* Der jetzige Feldmarschalleutnant Merkel. Hauptmann von der Groeben erhielt noch als Toter die höchste Auszeichnung, die einem österreichischen Militär zu teil werden kann: das Maria=Theresienkreuz. Die Stelle, wo die Batterie stand, ziert ein schönes Denkmal.

durch das Feuern der beiderseits aufgefahrenen Artilleriemassen, die ohne Unterlaß erfolgenden Gewehrsalven und den Qualm von 12 bis 14 in hellen Flammen stehenden Ortschaften die ganze Atmosphäre mit dicht über dem Boden lagerndem Rauch geschwängert, der allerdings vielfach die Umschau erschwerte. In jenem plötzlichen Zusammenbrechen, das erfolgte, trotzdem die Verteidiger keineswegs in der Minderheit waren, muß die Hauptursache der schweren Niederlage gesucht werden — dafür darf man nicht den Feldherrn und seine Dispositionen, so viel sonst daran zu tadeln sein mag, verantwortlich machen. Das völlige Versagen sonst tüchtiger Truppen weist darauf hin, wie dicht im Kriege Panik und Heldentum beisammen wohnen.

Seltsam erscheint auch, daß Benedek erst durch einen Zufall Kunde von der Einnahme Chlums bekam. Noch schien alles gut zu gehen, und man neigte im Hauptquartier schon der Meinung zu, daß die Schlacht wohl auch noch am nächsten Tage fortdauern könne. Vom IV. Korps lag keinerlei besorgniserregende Meldung vor, als plötzlich Oberst Neuber, der nach dem linken Flügel hinüberreiten, vorher aber in Chlum ein frisches Pferd besteigen wollte, von der Dorfumfassung her mit Zündnadelfeuer begrüßt wurde. Sich zur Selbstbeherrschung zwingend, sprengt er zurück und sagt, um keine Unruhe hervorzurufen: „Ich habe eine Meldung unter vier Augen zu erstatten." Doch der Feldzeugmeister meint: „Wir haben keine Geheimnisse. Lassen's nur los!" Nun entgegnet der Oberst: „Dann habe ich zu melden, daß die Preußen Chlum besetzt haben," worauf Benedek ihn mit den beleidigenden Worten anfährt: „Plauschen Sie nicht so dumm!" Und als Neuber, tief verletzt, das Gesagte nochmals bestätigt, stößt der Feldherr erregt hervor: „Es ist ja nicht möglich — reiten wir selbst hin!" Schon hat er seinen Braunen gewendet und sprengt, von dem Stabe gefolgt, zu dem nur etwa 700 Meter entfernten Orte hin. Vom Dorfrande prasselt ihnen verheerender Langbleihagel entgegen; Adjutant Graf Grünne fällt, die Pferde des Erzherzogs Wilhelm, Henikfteins und anderer Offiziere brechen getroffen nieder. Während sie zurückjagen, gerät die Schar in das Schrapnellfeuer einer österreichischen Batterie, die Rittmeister Fürst aus dem Gefolge erst zum Schweigen bringen muß. Benedek bewahrt in all diesen Zwischenfällen die größte Kaltblütigkeit. Zunächst will er alles aufbieten, um den Preußen Chlum wieder zu entreißen, obwohl er als Feldherr weiser gehandelt hätte, schon jetzt den Rückzug für das ganze Heer anzuordnen und seine sämtlichen Reserven ausschließlich zu dessen Deckung und Sicherung zu benützen. Er schickt ein in der Nähe haltendes Bataillon gegen das Dorf vor, doch ungeachtet aller Bemühungen der Offiziere stürzen die Soldaten entmutigt den Abhang zu der großen Straße hinunter. Andere Truppenteile dringen wacker in den Ort hinein, werden aber sofort wieder hinausgeworfen, da jetzt auch die 2. Gardedivision zur Stelle ist und sofort in den Kampf eingreift. Doch mit seinem nicht allzuweit in Reserve stehenden VI. Korps hofft der Feldzeugmeister den Preußen den beherrschenden Höhenzug abnehmen zu können, und unverzüglich läßt er Ramming den Befehl dazu überbringen. Gleich hernach sprengt er noch persönlich hin, um den Korpskommandanten zur größtmöglichen Schnelligkeit anzufeuern. Die Brigade Rosenzweig, die von Rosberschitz Feuer erhielt, wendete sich statt gegen Chlum zunächst gegen dieses Dorf, im ersten Treffen das schneidige Wiener Regiment Hoch- und Deutschmeister mit seinen wallenden Federbüschen, das heute neuen Ruhm erward, und die 17er Jäger. Gegen ihr Ungestüm wehrten die Preußen sich wacker; trotzdem wurden sie aus dem Ort hinausgeworfen und verfolgt. Der schwerverwundete Prinz Anton von Hohenzollern* geriet mit 300 Mann vorübergehend in Gefangenschaft. Bis vor Chlum drängten die Deutschmeister nach, da brachte Oberstleutnant Graf Waldersee (Bruder des nachmaligen Feldmarschalls) die weichenden Truppen zum Stehen, indem er an dem Hohlwege südlich des Dorfes die Fahne unter dem Rufe aufpflanzte: „Keinen Schritt weiter zurück!" Nicht bloß seine Leute machten sofort Kehrt, auch andere Truppenteile schlossen sich an. Während dann die Deutschmeister in Rosberschitz ihre Reihen neu ordneten, ging als zweites Treffen das ruthenische Regiment Gondrecourt gegen Chlum vor, und schon erteilte Baron Ramming auch seinen

---

* Er starb am 5. August im Königinhofer Lazarett.

noch frischen Brigaden Jonak, Hertweck und Waldstätten den
Befehl zum Angriff.

Es war dies ein hochkritischer Augenblick für die Garde in
und um Chlum. In schwerer Sorge hielt General Hiller
v. Gärtringen auf der Höhe am südöstlichen Dorfausgang un-
beweglich im heftigsten Granatfeuer. Wie sein Vater am
18. Juni 1815 durch den Sturm auf Planchenoit Napoleon I.
den letzten Stützpunkt seiner Stellung bei Waterloo entriß, so
war durch das kühne Vorbrechen des Sohnes Benedek der
Schlüssel seiner Position verloren gegangen. Wird es aber
möglich sein, ihn festzuhalten, bis Unterstützung herankommt?
Der General sprengt vor das Dorf, um sich nach Hilfe um-
zuschauen, und siehe da: tausend Schritt vor dem Saum nahen
preußische Kolonnen, die Avantgarde des I. Korps, das nun
endlich erschienen ist. Major v. Sommerfeld, der Kommandeur
der ostpreußischen Jäger, galoppiert zur Meldung entgegen.
„Gott sei Dank, da kommt ihr!" ruft der General. „Was
bringen Sie mit?" — „Mein Bataillon, dicht gefolgt von der
ganzen Avantgarde des I. Armeekorps," lautet der Bescheid. —
„Nun wird noch alles gut werden!" versetzt Hiller darauf
leuchtenden Auges. Doch zugleich schwankt er im Sattel und
fährt mit der Hand nach dem Herzen. Das Sprengstück einer
Granate war ihm von der Seite in die Brust gedrungen und
endete das Leben des heldenmütigen Führers, der neben Fransecky an diesem Tage das Höchste geleistet hatte.

Inzwischen waren die Österreicher bis zur Kirche von
Chlum vorgedrungen, allein ihr Erfolg sollte nicht von Bestand
sein. Nach dem Eingreifen der frischen preußischen Streitkräfte mußten sie zurück, unter schweren Verlusten, zumal jetzt
auch die nach dem Abzug des Grafen Thun von der Elbe
heraufdrängenden Schlesier des VI. Korps in ihre Flanke
wirkten. Noch einen verzweifelten Versuch machte Benedek, indem
er drei Brigaden seines letzten Reservekorps, des I., gegen die
Stellung von Chlum und Rosberschitz vorschickte. Eine Brigade
(Piret) des Korps war nach Problus geschickt worden, Brigade
Abele blieb zur Aufnahme zwischen Wschestar und Bor zurück;
die drei Brigaden Poschacher, Leiningen und Ringelsheim ließ
Graf Gondrecourt, von Schleswig-Holstein her als verwegener

Draufgänger bekannt, in tiefen Kolonnen gegen Chlum stürmen. Das Zündnadelgewehr richtete ein förmliches Gemetzel unter ihnen an: das Korps verlor binnen wenigen Minuten die Hälfte seiner Mannschaft — rund 10 000 Mann!

Die großartigen Erfolge der Garde und des VI. Korps waren einesteils eine Folge der richtigen Direktion, die den einzelnen Truppenteilen von dem Kronprinzen gegeben worden, wie auch der wagemutigen Entschlossenheit, mit der die Unterführer ihre Aufgaben lösten und sich gegenseitig unterstützten. Unverkennbar waren aber die einzelnen Teile der Oberleitung nachher aus der Hand geraten, und diese erhielt von den wichtigsten Vorgängen viel zu spät Nachricht. Verdy du Vernois weist in seinen Erinnerungen auf die ungenügende Zahl von Generalstabsoffizieren beim Oberkommando hin mit dem beachtenswerten Zusatz: „Die Schwierigkeiten, welche aus einer nicht ununterbrochenen und daher auch nicht ausreichenden Kenntnis von der Lage bei den einzelnen Heeresteilen (innerhalb gewisser Grenzen) der oberen Leitung erwachsen können, gelangen allerdings bei glücklichem Fortgang einer Schlacht kaum zum Ausdruck, aber sie werden von weitgreifendem Einfluß, wenn der Verlauf des Kampfes eine andere Gestalt annimmt, als man ihn sich gedacht hat, namentlich aber, wenn er einen unglücklichen Ausgang zu nehmen droht."

Ziemlich gleichzeitig mit diesen Versuchen zur Wiedereroberung von Chlum und Rosberschitz entrissen weiter westlich dem III. Korps die Brigade Alvensleben und die ihr von Maslowied zu Hilfe kommenden Spitzen der 2. Gardedivision den Wald von Lipa und das Dorf selbst. Das Ringen war heiß und blutig. Die Kaiser Franz- und Kaiser Alexander-Grenadiere stürmen mit den Gardeschützen den Ort, dann richten sie ihr Feuer gegen die draußen aufgefahrenen Batterien. Auch hier gab es eine „Batterie der Toten"; die Kanoniere des Hauptmanns Kühn bedienten ihre Geschütze, bis sie fast alle neben der Bespannung hingestreckt lagen und die feindlichen Schützen eindrangen. Ein von drei Kanonieren bedientes Geschütz gab seinen letzten Schuß auf 50 Schritt ab. Nur ein Offizier und wenige Leute entkamen; 11 Geschütze gingen verloren, aber zum Ruhme der österreichischen Artillerie, und mit vollem Recht sagt Lettow-Vorbeck: „Das tapfere Aushalten der Batterien Kühn und von der Groeben gibt ein leuchtendes Vorbild für alle Zeiten." Die Reste des III. Korps zogen ab, und nun mußte auch General Gablenz mit dem bei Langenhof stehenden X. folgen, denn dies verlor dadurch nicht nur seine rechte Flankendeckung, sondern wurde auch in der linken Flanke von Problus her bedroht.

Um dieselbe Zeit, als Chlum verloren ging, wurde auch auf dem linken Flügel der Nordarmee der Kampf, der gewissermaßen eine Schlacht für sich bildete, zu Gunsten der Preußen entschieden. Nach den starken Verlusten, die 4 von den 6½ Brigaden der Austrosachsen erlitten hatten, glaubte Kronprinz Albert, die Stellung von Problus gegen das konzentrische Vordringen der Divisionen Canstein und Münster nicht länger halten zu können; um ½3 Uhr gab er den Befehl zum Rückzuge. In Problus selbst, dessen Kirchturm wie der von Chlum das ganze Schlachtfeld überblickt, ließ er eine starke Nachhut (3. Jäger, 9., 10. Bataillon und die 1. Kompagnie des 11. Bataillons) zurück, die den Ort und den Rand des Brschizaer Waldes möglichst hartnäckig verteidigen sollte. Während die 15. Division (Canstein) gegen die linke Flanke vordrang, marschierte die 14. Division (Münster) am Fuße der Höhen von Problus auf. General v. Herwarth erhielt gegen ½3 Uhr einen erneuten Befehl Moltkes zum Vorrücken auf dem preußischen rechten Flügel mit der Elbarmee und ließ nun die 14. Division (die 16. [Etzel] wurde viel zu spät über das Nechanitzer Defilee vorgezogen und war noch weit zurück) Problus angreifen. Ihre Brigaden traten mit fliegenden Fahnen und klingendem Spiel an, „fest geschlossen und in wahrhaft imponierender Haltung", wie das sächsische Generalstabswerk bezeugt. Nach hartem Kampfe, in dem auch der sächsische Generalmajor v. Carlowitz fiel, wurde das Dorf den Sachsen, denen jeder Schritt vorwärts mit Blut abgerungen werden mußte, entrissen. Ein Angriff der österreichischen Brigade Abele auf Problus, die Graf Gondrecourt (I. Korps) dorthin geschickt hatte, wurde abgewiesen. Um 4 Uhr war auch der ganze Brschizaer Wald in den Händen der Preußen. Die Elbarmee hatte den Sieg errungen, da sie ihn aber nicht genügend durch Vorrücken

gegen das österreichische Zentrum ausnützte, so konnte der linke
Flügel der Nordarmee unter dem Schutze seiner Artillerie und
Reiterei, bei der Edelsheim auch die Brigade Appel zurückließ,
als er mit den zwei andern Brigaden durch einen Befehl
Benedeks gegen das Zentrum sich wenden mußte, in guter Ord=
nung über die Elbe abziehen. „Hätte Herwarth das Ganze so
gut verstanden wie wir,“ schrieb Blumenthal später in dem von
den Österreichern aufgefangenen und veröffentlichten Briefe an
seine Gattin, „und wäre er, statt unmittelbar dem Prinzen
Friedrich Karl zu Hilfe zu marschieren, gegen Flanke
und Rücken der Benedekschen Armee vorgegangen, so wäre die
ganze österreichische Armee gefallen oder gefangen worden.“

Der Halbkreis, den die Nordarmee noch vor wenigen
Stunden bildete, war jetzt in der Mitte durchbrochen, die beiden
Flügel gegen die Straße Sadowa—Königgrätz zurückgeworfen,
woraus bei der Enge des Schlachtfeldes die größte Verwirrung
entstehen mußte. Benedeks Aufgabe wäre es gewesen, nun
endlich die Anordnungen für den Rückzug zu treffen. Statt
dessen eilte er bald hierhin, bald dorthin, so wenig der Gefahr
achtend, daß seine Umgebung glaubte, er suche den Tod. Er
selber hat später jedoch erklärt, er habe gar nicht an sich ge=
dacht: „Meine Gedanken waren nur mit meinen Soldaten.“

Krismanič erhielt den Auftrag, die Befehle für den Rück=
zug aufzusetzen; dies erwies sich jedoch in dem allgemeinen
Wirrwarr als unausführbar, und seine mündlich erteilten Wei=
sungen gelangten meist nicht mehr an die betreffenden Stellen.
Von allen Seiten brachen jetzt gleich brandenden Wogen die
preußischen Kolonnen über die österreichischen Stellungen herein.

Um 3 Uhr 40 Minuten erteilte König Wilhelm der Ersten
Armee den Befehl zum Vorgehen von der Bistritz auf die Höhen
von Lipa und Langenhof, die ihr so lange streitig gemacht
worden waren. An der Spitze der Brigade Groeben ritt Prinz
Friedrich Karl mit seinem Gefolge; vor der Brigade Mecklen=
burg unter dem Prinzen Albrecht sprengte der greise Monarch
selbst der vordersten Gefechtslinie zu, überall von nicht enden=
wollendem Hurra der Truppen begrüßt.

Von Chlum her trugen die preußischen Geschütze und

Zündnadelgewehre Verderben in die Reihen der zurückweichenden
Kaiserlichen; die von der Elbe her angerückten Truppen des
VI. Korps beschossen gleichfalls ihre Rückzugslinie — Benedeks
einzige Hoffnung beruhte jetzt auf seiner Reiterei und Artillerie,
die vielleicht eine völlige Vernichtung des geschlagenen Heeres
abzuwenden vermochten. Und beide Waffen rechtfertigten in
glänzender Weise die Erwartungen ihres Oberfeldherrn: sie
haben sich an diesem Nachmittage und Abend des 3. Juli mit
unvergänglichem Ruhm bedeckt!

Als die beiden preußischen Kavalleriebrigaden, mit zwei
Regimentern anderer Korps die einzige Reiterei, die vorläufig
zur Hand war, auf dem Gefechtsfelde erschienen, gab Benedek
der bei Wschestar haltenden Kavalleriedivision Holstein den
Befehl, gegen sie anzureiten, und ließ die gleiche Weisung der
Division Coudenhofe bei Streschetitz überbringen. So ent-
wickelte sich nun auf dem Blachfelde zwischen Rosberschitz,
Langenhof und Streschetitz der großartigste Reiterkampf, den
seit Liebertwolkwitz (14. Oktober 1813) die Kriegsgeschichte zu
verzeichnen hat. Es fochten 34 preußische Schwadronen gegen
39½ österreichische, auf jeder Seite etwa 5000 Reiter, da die
preußische Eskadron 150 Mann, die österreichische nur 120 Mann
zählte. Jeder Teil schrieb sich nachher in gutem Glauben den
Sieg zu, was sich durch das Durcheinanderkommen der Reitergeschwader, die sich „wie ein gigantischer Knäuel in tollem
Wirbel umeinander drehten," erklärt. Die preußische Kavallerie
war dadurch im Nachteil, daß sie nur vereinzelt und mit durch
den vorangegangenen Ritt stark angestrengten Pferden auf der
Höhe anlangte. Auch umfaßte sie meist leichte Reiterei, während
die Österreicher durchweg schwere Regimenter zur Stelle hatten,
die bei Kraft und Atem waren und geschlossen auritten.

„Galopp — marsch! — Marsch, marsch!" schmettern die
Signale. Brigade Groeben, thüringische Husaren und neu-
märkische Dragoner, bricht in die österreichische Infanterie südlich von Rosberschitz ein, da wirft sich ihr von der Division
Holstein die Brigade Schindlöcker mit den prächtigen Stadion-
kürassieren, den Kaiser- und Nikolaushusaren entgegen. Es
kommt zum Handgemenge, in das auch die 4. Ulanen (Pommern)
eingreifen, doch die Weißmäntel brausen immer weiter, bis sie

endlich durch preußisches Infanteriefeuer zum Zurückweichen ge=
zwungen werden. Auf die preußische Brigade Herzog von
Mecklenburg warf sich die österreichische Brigade Solms, von
der die Ferdinandkürassiere schwere Verluste erlitten, ebenso die
Hessenkürassiere, von denen die Zietenhusaren geworfen wurden,
worauf ihnen die 4. Ulanen, an ihrer Spitze General Hann
v. Weyhern, in Flanke und Rücken fielen. Um 5 Uhr rückte
die Division Holstein über Kuklena nach Pardubitz ab. Gleich=
zeitig entbrannte bei Problus der Kampf mit der Division
Coudenhove, an dem auch die über Nechanitz herangekommene
preußische Kavalleriedivision Alvensleben teilnahm. Zuerst ge=
rieten die österreichischen Preußenkürassiere und das Wrangel=
regiment von der Brigade Windischgrätz mit den preußischen
3. Dragonern und 11. Ulanen aneinander. Es kam zu einem

wilden Ringen, in dem die österreichischen Reiter auch durch preußisches Gewehr= und Artilleriefeuer furchtbare Verluste erlitten. Südlich von Streschetitz rangen die Alexanderulanen mit den preußischen 1. Gardedragonern, bei denen General v. Alvensleben voranritt, miteinander; Bayernkürassiere mit den Blücherhusaren. König Wilhelm war Zeuge dieser Kampfesscenen, und ein Schwarm der Alexanderulanen gelangte so dicht an seinen Standort heran, daß der Flügeladjutant Graf Finckenstein schon mit den beiden nächsten Zügen der Stabswache herbeieilte, als das Feuer der brandenburgischen Füsiliere (Nr. 35) die Gefahr beseitigte. Die immer zahlreicher auf den Höhen auftretenden Massen der preußischen Infanterie und Artillerie bewirkten schließlich durch ihr Feuer, daß die Division Coudenhove in ziemliche Auflösung geriet und über die Elbe entweichen mußte. Die preußischen Regimenter hatten sich wacker geschlagen und durch ihre Taten gezeigt, daß sie vor der kaiserlichen Reiterei keineswegs zurückzustehen brauchten, wie man vor dem Kriege vielfach annahm. Jedenfalls hatten aber die beiden österreichischen Kavalleriedivisionen ihren Zweck erreicht; die preußische Reiterei versuchte überhaupt keine Verfolgung mehr, und das siegreiche Nachdrängen der Infanterie wurde zeitweilig gehemmt, so daß das eigene Fußvolk sich der eisernen Umklammerung zu entziehen vermochte.

Gegen 6 Uhr abends war die kaiserliche Infanterie und Kavallerie fast überall vom Schlachtfelde verschwunden, und in den Reihen der Preußen brach nun der Siegesjubel los. Den weiteren Rückzug des geschlagenen Heeres aber deckte mit der gleichen Hingebung und Selbstaufopferung seine Artillerie. Zumal die Armee=Geschützreserve unter Oberstleutnant v. Hofbauer zeigte eine unübertreffliche Haltung. Erst wenn die feindlichen Schützenschwärme in die Batterien eindrangen, protzten diese zum Zurückgehen auf; aber schon auf dem nächsten Höhenzuge nahmen sie wieder Stellung und feuerten — zum letzten Male noch wenige tausend Schritt vor Königgrätz.

König Wilhelm geriet bei Bor nochmals in den Bereich der österreichischen Geschosse. Dicht um seinen Standort herum platzten die Granaten der den Rückzug deckenden Batterien. Bismarck bat ihn, sich nicht unnötig dem Feuer auszusetzen,

und als der Monarch trotzdem halten blieb, gab er der „Sa=
dowa" von rückwärts einen Stoß mit dem Fuße, daß sie ihren
königlichen Reiter gegen dessen Willen in Sicherheit brachte.

Weit hinter der ursprünglichen Schlachtordnung der Kaiser=
lichen, bei Brschiza und Wrscheſtar, reichten sich jetzt die drei
auf getrennten Wegen in Böhmen eingedrungenen preußischen
Heere die Hand, wobei es nicht zu vermeiden war, daß sie
vielfach durcheinander kamen. Der Kronprinz und Friedrich
Karl trafen einander auf der Höhe von Chlum und um=
armten sich; in Bezug auf den Führer der Ersten Armee
bemerkt Stosch in seinen „Denkwürdigkeiten" dazu: „er
zeigte sich damals noch sehr dankbar für unsere Hilfe."
Erst spät, um 8 Uhr, begegnete der König unweit Langen=
hof dem Kronprinzen mit seinem Stabe. Mit Tränen in
den Augen sanken sie einander in die Arme, und der Sohn
küßte tiefbewegt die Hand des königlichen Vaters, die ihm
Preußens höchsten Kriegsorden, den Pour le mérite, über=
reichte. Auf des Kronprinzen Bitte verlieh der König General
v. Steinmetz für seine Taten bei Nachod und Skaliz den
Schwarzen Adlerorden und genehmigte den Vorschlag, der
heutigen Schlacht die Bezeichnung „Schlacht von König=
grätz" beizulegen.

Zu dem Ministerpräsidenten äußerte der Kriegsminister
Roon: „Bismarck, diesmal hat uns der brave Musketier noch
einmal herausgerissen!" Der „eiserne Graf" nickte befriedigt,
und unter seinen buschigen Brauen leuchtete es seltsam auf.
Es war nicht nur die stolze Freude über diesen Sieg; der
weitausschauende Staatsmann blickte weiter in die Zukunft.
„Die Streitfrage ist also entschieden; jetzt gilt es, die
alte Freundschaft mit Österreich wieder zu ge=
winnen" — das stand schon in jenem Augenblick bei ihm
fest, und in Nikolsburg gestaltete er den Gedanken, den Wider=
stand des Königs und der Militärpartei überwindend, zur Tat
um. Für die künftige Aussöhnung mit dem Kaiserstaat war es
gut, daß der Tag von Königgrätz nicht wie der von Sedan
endete, und daß nicht der größte Teil der Nordarmee ver=
nichtet oder gefangen wurde, was bei energischer Verfolgung
wohl unausbleiblich gewesen wäre. Vom militärischen Stand=

punkt dagegen muß diese Unterlassung als ein schwerer Fehler
bezeichnet werden.

Um 6¹/₂ Uhr abends wurde vom Großen Hauptquartier
der Armeebefehl ausgegeben, demzufolge am nächsten Tage im

allgemeinen geruht werden sollte. Nur die Elbarmee bekam die Weisung, „so weit dies möglich, eine Verfolgung des wesentlich in der Richtung auf Pardubitz zurückgegangenen Feindes auszuführen." Herwarth beauftragte den General Etzel damit, der aber wenig Energie bezeigte und die Sachsen ihren Abzug ziemlich ungestört bewerkstelligen ließ. Jene allgemeine Anordnung hat Moltke damit rechtfertigen wollen, es hätte „ein mitleidloser Wille dazu gehört, einer Truppe, welche zehn bis zwölf Stunden marschiert, gefochten und gehungert hat, statt der Ruhe neue Gefahren und Anstrengungen aufzulegen." Jedenfalls wußte aber der erste Napoleon einen solchen „mitleidlosen Willen" durchzusetzen, wenn es geboten war, und Gneisenaus Wort am Abend von Waterloo: „Der letzte Hauch von Mann und Roß" gelangte bei Königgrätz nicht zu voller Geltung. Die tatsächlichen Gründe dafür waren, daß einmal am Abend des 3. der König und Moltke noch nicht entfernt den Umfang und die Bedeutung der gegnerischen Niederlage kannten und die Österreicher für viel widerstandsfähiger hielten, als sie wirklich waren, und zweitens, daß der greise General=stabschef physisch erschöpft war. Er bekam einen Fieberanfall und wurde im Wagen nach Gitschin zurückgebracht; dort erholte er sich zwar, gewann die völlige Spannkraft seines Geistes jedoch erst nach einigen Tagen wieder. Übrigens hatte der Kronprinz für das V. Korps und die Division Hartmann einen Befehl zur Verfolgung gegeben, der aber mißverständlich nach dem Bekanntwerden des oben erwähnten Armeebefehls nicht zur Ausführung gelangte.

Obwohl somit das österreichische Heer durchaus unverfolgt blieb, trat in seinen Reihen dennoch eine ungeheure Verwirrung ein, die allen Zusammenhang auflöste und alle Mannszucht schwinden ließ. Musterhaft hielten sich dagegen die Sachsen; in bester Ordnung und Haltung vollzogen sie ihren Rückzug, was Moltke bald nach der Schlacht durch die Worte aner=kannte: „Eine geschlagene Armee, die, dem Unvermeidlichen sich fügend, ruhig und geordnet das Schlachtfeld verläßt, kann sich dem Sieger fast ebenbürtig zur Seite stellen." Von den österreichischen Heeresteilen hatten das II. und IV. Korps, die, am zeitigsten dem Schlachtfelde den Rücken kehrend, über die

Brücken nördlich von Königgrätz gezogen waren, noch ziemliche
Ordnung bewahrt. Die nach der eigentlichen Katastrophe flüch=
tenden Korps drängten sämtlich auf Königgrätz selbst zu und
wurden zudem durch die rücksichtslos durch ihre Haufen
sprengende Reiterei in Schrecken gesetzt. Von diesen Truppen=
teilen erging es denen noch am besten, die gegen die Elbebrücken
südlich der Festung gedrängt wurden, doch kam es auch hier
vor, daß sich Reiter und Fußvolk, von Entsetzen vor der
eingebildeten Verfolgung gepackt, in die Elbe stürzten und er=
tranken. Die furchtbarste Verwirrung herrschte aber unter den
Massen, die — gewiß 50 000 an der Zahl — direkt auf die
Festung loseilten. Der Kommandant, General Weigl, hatte
seiner Vorschrift entsprechend das Vorgelände des Platzes unter
Wasser setzen und die Tore schließen lassen. Nun gerieten die
in der Dunkelheit Flüchtenden in ein Labyrinth von Wasser=
zügen und Ansumpfungen, durch das nur ein einziger Damm
führte, um den gerungen und gekämpft wurde. Fuhrwerke und
Geschütze wurden ins Wasser geworfen, sogar ein Wagen mit
Verwundeten; Pferde stürzten mit ihren Reitern in Gräben, und
Hunderte suchten durch Überklettern der Palisaden und Außenwerke
und Durchwaten der Gräben, sowie Durchschwimmen der Elbe das
andere Ufer zu gewinnen, wobei viele umkamen. Noch fürchter=
licher wurde die Panik, als die am nächsten der Festung befind=
lichen Infanteristen ihre Gewehre ausschossen, wodurch nicht nur
manche Soldaten verwundet wurden, sondern auch eine zeitlang
die Meinung sich verbreitete, die Preußen ständen bereits jen=
seits der Elbe und feuerten von dorther. Um 11 Uhr erst
überzeugte sich der Festungskommandant davon, was er schon
drei Stunden vorher hätte tun müssen, daß nicht der Feind
gegen den Platz herandränge, sondern das eigene um Einlaß
flehende Heer. Nun ließ er endlich die Tore öffnen und die
Trümmer der Nordarmee eintreten. Benedek selbst gelangte
mit seinem auf wenige Personen zusammengeschmolzenen Stabe
bei Opatowitz über die Elbe. Von dort erreichte er am Spät=
abend das mit Flüchtenden aller Waffen überfüllte Städtchen
Holitz, von wo er dem Kaiser in einer längeren Depesche die
Katastrophe meldete.

Welchen Eindruck dieser Zusammenbruch aller Hoffnungen

in der Kaiserstadt machte, braucht nicht geschildert zu werden. In Preußen rief die Botschaft des Sieges, dessen voller Umfang erst in den folgenden Tagen sich ergab, gewaltigen Jubel hervor, der nur durch den Gedanken an die vielen Opfer, die der Kampf hingerafft hatte, gedämpft wurde. Preußischerseits betrug der Verlust: 360 Offiziere und 8812 Mann, davon tot: 100 Offiziere und 1835 Mann. Dagegen hatten freilich die Austrosachsen nicht weniger als 44 393 Mann eingebüßt; davon tot bei den Österreichern: 330 Offiziere und 5328 Mann und bei den Sachsen: 15 Offiziere und 536 Mann. Die Königgrätzer Schlacht ist die größte der Neuzeit gewesen, denn die Zahl der beiderseits Kämpfenden (436 000) übertraf noch die Heeresmassen in der Leipziger Völkerschlacht (430 000), der Königgrätz auch an geschichtlicher Bedeutung nahekommt.

Die Ausschließung Österreichs aus Deutschland wie aus Italien und der Ausgleich mit Ungarn, sowie die Gründung des Norddeutschen Bundes mit dem vergrößerten Preußen an der Spitze, waren die unmittelbaren Folgen, noch viel gewaltiger sollten aber die späteren Nachwirkungen sein. Napoleon III. und die Franzosen hatten mit Sicherheit auf den Sieg Österreichs gerechnet, und der Kriegsminister Marschall Randon sagte: „Wir sind es, die bei Sadowa geschlagen wurden!" Von nun an ging der Ruf nach der „Revanche für Sadowa" durch das französische Offizierkorps und bald auch durch das ganze Volk, so daß Königgrätz auch die Ursache für Sedan geworden ist. Somit gestaltete der 3. Juli die politischen Verhältnisse in Europa von Grund aus um, und insofern hatte der päpstliche Staatssekretär, Kardinal Antonelli, wohl recht, als er beim Eintreffen der Siegesnachricht von Königgrätz im Vatikan ausrief: „Il mondo casca" — „Die Welt geht unter!" Sie hatte wenigstens ein verändertes Antlitz erhalten.

Auf den Karten ist für czechische Namen die offizielle Orthographie gewählt,
während im Buche selbst für diese Namen der leichteren Verständlichkeit halber im allgemeinen die phonetische Schreibweise gewählt wurde.

Karte des böhmischen Kriegsschauplatzes 1866.

1) Anmarsch der Elbearmee
2) Anmarsch des Prinzen Friedrich Karl
3) Anmarsch des Kronprinzen (Corps Bonin)
4) Anmarsch des Kronprinzen (Garde)
5) Anmarsch des Kronprinzen (Steinmetz).

Gefechte sind durch gekreuzte Schwerter bezeichnet.

Plan des Schlachtfeldes von Königgrätz

------ Oesterreichische Stellungen morgens 10 Uhr

——— Oesterreichische Stellungen mittags 2 Uhr
(Infanterie und Kavallerie)

⊔⊔⊔⊔⊔⊔ Hauptstellungen der österreichischen Artillerie

1. VIII. Corps
2. Sachsen
3. Hauptreserve (I. & VI. Corps)
4. III. und X. Corps
5. Brigade Fleischhacker (IV. Corps)
6. IV. Corps
7. II. Corps
8. Reserven.

——— Preussische Stellungen mittags 2 Uhr (Infanterie
und Kavallerie).

⊔⊔⊔⊔⊔⊔ Hauptstellungen der preussischen Artillerie

1. 15. Division Canstein
2. 14. Division Münster
3. 3. Inf.-Division Werder
4. III. Armeecorps (Reserve)
5. ♠ Inf.-Division Herwarth und 8. Inf.-Division Horn
6. 7. Inf.-Division Fransecky
7. 1. Garde-Division
8. 11. Inf.-Division
9. 12. Inf.-Division
10. 2. Garde-Division
11. Corps Steinmetz anmarschierend
12. Corps Bonin anmarschierend
13. 2. Kav.-Div. u. Artillerie-Reserve
(hinter letzterer Stellung des Königs)
14. Kav. der Elbearmee u 16. Inf.-Div.

1. 2. 3. 14. Elbearmee. — 4. 5. 6. 13. Armee des Prinzen Friedrich
Karl. — 7. bis 12. Armee des Kronprinzen.

Sammlung Franckh.

Diese von ersten deutschen Künstlern reich illustrierte Sammlung enthält die
besten Werke **moderner** Schriftsteller aller Nationen.

Jeder Band ist einzeln zu haben.

Bd. 1:   **Musset**

Wahre Liebe.

Französische Studentengeschichte, in der
sich das tolle Leben im Quartier latin
widerspiegelt. Geh. M. 1.—, geb. M. 1.80.

Bd. 2.   **Coppée**

Der Waffenrock
und andere Novellen.

Ergreifende Scenen aus dem modernen sozialen Leben wechseln mit humor-
vollen Genrebildern aus der Weltstadt Paris. Geh. M. 1.—, geb. M. 1.80.

Bd. 3. Maupassant, Auf der Reise.

Mit wahrhaft dramatischer Lebhaftigkeit geißelt Maupassant in seinen ergötzl.
Geschichten die Schwächen seiner Landsleute. Geh. M. 1.—, geb. M. 1.80.

Bd. 4.   **Paul Heyse**

Einer von Hunderten — Hochzeit auf Capri.

Zwei reizende neue Novellen vom Altmeister deutscher Erzählungskunst
in ganz vorzüglicher Ausstattung und äußerst billig. Geh. M. 1.—,
geb. M. 1.80.

Franckh'sche Verlagshandlung, Stuttgart.

Jeder Band ist einzeln käuflich und zu beziehen durch:

Bd. 5. Stevenson

Der Selbstmordklub.

Spannendste Sensationsnovelle der Gegenwart, jedem Freund von Kriminalgeschichten warm zu empfehlen. Geh. M. 1.—, fein geb. M. 1.80.

Bd. 6. Maupassant, Nachtgeschichten.

Packende Nachtbilder aus dem Großstadtleben, unheimliche Erlebnisse, dazu als Schluß eine entzückende Liebesepisode, „Mondschein" betitelt, füllen diesen brillant illustrierten Band. Geh. M. 1.—, geb. M. 1.80.

Bd. 7/8. Zola, Der Wunsch der Toten.

Ein außerhalb Frankreichs noch wenig gekannter, höchst interessanter Roman, der uns Zola von einer ganz neuen (romantischen) Seite zeigt. Illustriert von René Reinicke. Geh. M. 2.—, geb. M. 3.—.

Bd. 9/10.

Zola

Liebes-Geschichten.

Eine Auswahl der besten Liebesgeschichten des großen Franzosen. Reich illustriert. — Geheftet M. 2.—, gebunden M. 3.—.

Franckh'sche Verlagshandlung, Stuttgart.

Fran...

Bd. 11.   **Maurus Jokai**
Blumen des Ostens.
Reizende orientalische Novellen. Geh. M. 1.—, fein geb. M. 1.80.

Bd. 12. **Daudet**

Künstler-
frauen.

Ob Künstler für die Ehe taugen, ist die heikle Frage, die Daudet in diesen graziös-pikanten Novellen behandelt; die meisterhaften Illustrationen sind von dem bekannten Künstler O. Bluhm.

In farbigem Umschlag M. 1.—, fein geb. M. 1.80.

Franckh'sche Verlagshandlung, Stuttgart.

Bd. 13. Zola

Sturm auf die Mühle.

Geh. M. 1.—, fein geb. M. 1.80.

Es ist interessant, Zola eine spannende Geschichte aus dem Krieg 1870/71 erzählen zu hören.

Bd. 14.

d'Annunzio

Contessa Galatea.

Reizende in Deutschland noch unbekannte Erzählungen des größten italienischen Poeten der Neuzeit. In farbigem Umschlag geheftet M. 1.—, fein geb. M. 1.80.

Bd. 15. **Maupassant**

Im Banne der Liebe.

Verfasser und Titel sagen genug zur Empfehlung dieses textlich und illustrativ gleich reizenden Büchleins. Geh. M. 1.—, geb. M. 1.80.

Bd. 16. Kipling, Aus Indiens Glut.

Eine Auswahl der besten Novellen Kiplings aus dem farbenprächtigen indischen Leben. Geh. M. 1.—, geb. M. 1.80.

Franckh'sche Verlagshandlung, Stuttgart.

Bd. 17/18. Zola

Erinnerungen eines Kommunarden.

Ein packender Roman aus dem blutigen Kommuneaufstand 1871.
Geh. M. 2.—, geb. M. 3.—.

Bd. 19 Maupassant, Monte Carlo.

Eine neue Sammlung der beliebtesten Erzählungen des Meisters der modernen Novelle.

In prächtigem Farbendruckumschlag nur M. 1.—, geb. M. 1.80.

Bd. 20. # Freiherr von Schlicht

Einquartierung.

Heitere Erzählungen aus dem Soldatenleben von dem so schnell berühmt gewordenen Humoristen. Hübsch illustriert.
Geh. nur M. 1.—.

Luxusausgabe sehr fein ausgestattet, auf Büttenpapier gedruckt, zu eine_n_ hübschen Gelegenheits-Geschenk (auch für unsere Damen) sehr geeignet.
fein gebunden nur M. 3.—.

Franckh'sche Verlagshandlung, Stuttgart.

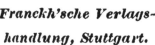

Sammlung Franckh.

Bd. 25.

H. Sienkiewicz
Drei Frauen.

Eine reizend aus·
geführte Erzählung
aus dem Künstler·
leben.
Sehr humoristisch.
Hübsch illustriert; in
farbigem Umschlag
M. 1.— = Kr. 1.20.
Fein geb. M. 1.80.

Jeder Band der
Sammlung Franckh
ist einzeln käuflich und
zu beziehen durch
jede Buchhandlung.

Franckh'sche Verlagshandlung, Stuttgart.

Digitized by Google

Franckh'sche Verlagshandlung, Stuttgart.

W. Meyer-Förster

Elschen auf der Universität.

In farbigem Umschlag, geheftet . . M. 2.— = K. 2.40 ö. W.
In einem feinen Geschenkbande geb. M. 3.— = K. 3.60 ö. W.

Der klassische Schilderer des frischen, frohen
Treibens der deutschen Studenten, der

Verfasser von Alt-Heidelberg

bietet hier eine ganz entzückende

Backfisch- und Studentengeschichte

die sich als reizendes Geschenk für jedermann,
besonders auch für unsere jüngere Damenwelt eignet.

Zu beziehen durch jede Buchhandlung.

Franckh'sche Verlagshandlung, Stuttgart.

Druck von Carl Hitzhofer, Stuttgart.

Lightning Source UK Ltd.
Milton Keynes UK
UKHW041636040119
334726UK00010B/1153/P